丛书主编 俞树毅

★生命无返程:重点交通法规解读
★百姓生活避风港:也谈社会保障法
★祸患积于忽微:警察权限与治安管理
★清官能断家务事:走进婚姻法
★约定大于法定:合同法漫谈
★让我欢喜让我忧:银行卡消费与维权
★权利与保障同行:民事侵权及其救济

法律在身边

FALU ZAI SHENBIAN

公民维权系列丛书

郜占川 编著

生命无返程:
重点交通法规解读

蘭州大學出版社

图书在版编目（C I P）数据

生命无返程 ： 重点交通法规解读 / 郜占川编著. -- 兰州 ： 兰州大学出版社, 2014.11
（“法律在身边”公民维权系列丛书 / 俞树毅主编）
ISBN 978-7-311-04631-6

I. ①生… II. ①郜… III. ①交通法－基本知识－中国 IV. ①D922.14

中国版本图书馆CIP数据核字(2014)第267133号

责任编辑　张国梁　王颢瑾
装帧设计　郇　海

书　　名　生命无返程:重点交通法规解读
作　　者　郜占川　编著
出版发行　兰州大学出版社　(地址:兰州市天水南路222号　730000)
电　　话　0931-8912613(总编办公室)　0931-8617156(营销中心)
　　　　　0931-8914298(读者服务部)
网　　址　http://www.onbook.com.cn
电子信箱　press@lzu.edu.cn
印　　刷　兰州奥林印刷有限责任公司
开　　本　710 mm×1020 mm　1/16
印　　张　8.5
字　　数　138千
版　　次　2015年3月第1版
印　　次　2015年3月第1次印刷
书　　号　ISBN 978-7-311-04631-6
定　　价　22.00元

总　序

党的十八届四中全会提出全面推进依法治国，总目标是建设具有中国特色社会主义法治体系，建设社会主义法治国家。

改革开放三十多年来，走市场经济道路和建设具有中国特色社会主义法律体系、建设法治国家是我们始终坚持的。改革越往后就越艰难。我国市场经济建设虽然取得了巨大的成功，但地方保护、行政垄断、自然垄断、权力寻租、市场壁垒以及不公正的市场规则等乱象依然存在，市场经济建设已经到了深层的攻坚克难时期。市场经济是法治经济，市场秩序的建立与维护要依靠反映市场规律、市民社会规则的法治体系。人治只能是计划经济的反映。建设具有中国特色社会主义法治体系，对于深化各项改革、推动市场经济健康发展，具有重要意义。

正如十八届四中全会提出全面推进依法治国的重大任务所表明的，中国特色社会主义法治体系的建设和完善主要依赖于政府的推动，但这种自上而下的推动应当促进内生性的法治建设，其中，增强全民法治观念、加强民主立法和法律实施的公众参与等，应该是题中的应有之意。

社会问题纷繁复杂，当下中国社会又一次处在了历史的节点上。"依法治国，建设社会主义法治国家"是中国的基本治国方略，也是中国承继人类文明的必然和历史选择。依法治国必然要求增强全民法治观念，并在全社会大力推动普法宣传教育。虽然学理解释在法理学上属于无权解释之列，但适法、守法、用法均离不开对现行法律的熟悉、掌握和准确理解，学理解释在法律的适用、市场规则和市场秩序的维护、公民行为的预测或指引中发挥着至关重要的作用。可以说，如果民众没有良好的法律素养，没有法律信念，则中国现代法律的移植、现代法治社会和法治国家的建设始终是不可完成的任务，只能是水中月、镜中花。

早在1986年，中国就开始了以五年为一个周期的普法活动。2011年为"六五"普法规划的启动年。"六五"普法规划的基本指导思想主要是：按照全面落实依法治国基本方略和建设社会主义政治文明的新要求，坚持法制宣传教育与社会主义核心价值体系教育相结合、与社会主义法治理念教育相结合、与社会主义公民意识教育相结合、与法治实践相结合，深入开展法制宣传教育，深入推进依法治理，大力弘扬社会主义法治精神，为夺取全面建设小康社会新胜利营造良好法治环境。

所谓普法，就是普及法律知识，而法律知识范围广泛，涵盖法律和法学，既包括法律精神、法律价值、法律理念，也包括法律原则、法律规范；既包括理论法学、应用法学，也包括一切有关法律和法学的知识和学问。因此，普法会成为依法治国的常态和有机组成部分。当然，普法首先是从对现行法律的宣传、正确解释和准确理解开始的。

应兰州大学出版社之约，我们组织编纂了这套“法律在身边”公民维权系列丛书。丛书内容涉及公法、私法和社会法等各个方面，将按照出版计划陆续推出。这套丛书的出版，期望能够为全社会普法、为法治中国建设尽些绵薄之力。

丛书撰稿人均为在职法律人（法律职业共同体成员，包括法官、检察官、律师、法学教育工作者以及研究者等），大都从事法律教学和研究以及司法实践工作，有较高的科研能力和语言驾驭能力。是他们认真负责的态度和孜孜不倦的工作，使丛书得以面世。

作为丛书的总主编，我制定了丛书的体例，并对各分册书稿进行了统稿和进一步完善。

这套丛书的特点是：语言明快、简洁、通俗；法律要义、释疑、案例、法条有机结合，各单元自成体系；贴近社会生活的主要方面，与大众生活息息相关。

限于学识和时间，书中肯定存在不少问题，希望读者、行家不吝赐教。

俞树毅

2014年12月1日

（丛书总主编俞树毅，系兰州大学法学院教授、博士研究生导师。兰州大学环境资源法学研究所所长）

前 言

在推进我国法治建设的进程中，普法是一个历久常新的话题。当前，法律已经全面渗透到社会生活的各个领域，法律与我们的日常生活息息相关，衣食住行，概莫能外。伴随着经济发展、生活节奏加快，汽车拥有量正以前所未有的速度增加，交通安全问题亦相应地成为世界性的问题。据世界卫生组织统计，全球每年死于交通事故的人数已达130万人，交通事故已经成为“文明世界的第一大公害”。

交通事故频发，不仅使机动车驾驶员面临着巨额索赔甚至受到刑事追究，也给受害人及其家属造成了无尽的肉体痛苦与精神损害。发生交通事故后，如何保护事故现场，如何看待责任认定，如何进行保险理赔，如何确定责任主体，如何计算赔偿金额，如何调查取证，如何提起诉讼等，都是当事人和法律实务工作者不能回避的问题。基于引导当事人正当维权、免受诉累的宗旨，本套“法律在身边”公民维权系列丛书专题出版了《生命无返程——重点交通法规解读》一书。

本书立足于《道路交通安全法》，精心选取了与交通事故相关的七个专题，力求契合读者的阅读兴趣和实际需要。本书的一大特色是适度提升普法层次，带领读者就现实中的热点、难点问题进行理论思考和批判。值得说明的是，本书“法条链接”所援引的法条基本出自最新颁布实施的法典。

我们深信，法治建设的成败，不是取决于司法工作者和法学家，而是受制于全民法律素养的普遍提高和对法律的高度信仰。知其所以然，才能保证每一个公民信法，从而更好地守法、护法。我们期望本书能成为交通事故当事人的维权宝典，法律实务工作者的案头指导书，甚至成为教学和培训的参考教材。

本书的出版凝聚着作者和编辑的心血，希望能够成为读者的良师益友。当然，囿于作者的知识水平、实践经验，加之成书时间仓促，舛误疏漏之处必然难免，欢迎读者对本书提出宝贵的意见和建议。另外，本书在编写过程中，参考、借鉴了国内大量专业书籍及网络资源，在此一并致谢！

编者

二〇一四年九月

目录

第一单元　心中交规严，眼前路自宽

——走近交通安全法

【精讲精析】

2011年是我国道路交通安全立法史上具有里程碑意义的一年。从这一年的5月1日起，备受关注的《刑法修正案（八）》和修改后的《道路交通安全法》正式施行。根据人们以往的观念，除了交通肇事罪外，《刑法》这一冷冰冰的法律似乎很少与道路交通安全的法律法规搭界。然而，随着“酒驾入刑”付诸立法，新的《道路交通安全法》也平添了应有的但姗姗来迟的威慑力。事实上，上述两法的实施，潜移默化中也改变着我们的生活。在酒文化盛行的中国，“逢宴必酒，无酒不欢”，多年来很多人对酒驾不以为然。然而，现在酒桌上的一句“我开车”，往往就能谢绝他人劝酒、缠酒。更重要的是，酒驾、醉驾的“双降”，使得因酒后驾驶导致的交通事故大幅减少。

衣食住行是人的基本需求。在我国经济社会全面发展的今天，我们的目标是吃的健康、穿的靓丽、住的舒适、行的安全。在日常生活中，交通安全总是围绕在我们身边。只要你出行，便同交通安全打上了交道。行走时的一次走神，过马路时的一次侥幸，开车时的一次违章，这一切都会使一个生命转瞬即逝，或者造成或大或小的损失。因此，为了自己和他人的出行安全，我们都需要学点道路交通安全法规。

一、我国道路交通安全法的历史沿革

新中国成立以来，我国道路交通方面的法律法规主要经历了三次大的变革，每次变革都反映了经济社会发展的需求，更重要的是，通过几次道路交通安全立法层面的变革，道路交通安全法律法规在中国特色社会主义法律体系中的地位突显，公众的交通安全意识日益增强。

1951年，公安部发布了《城市陆上交通管理暂行规则》，这是我国首次出台

的城市交通规则，其法律层次等级为部门规章[①]。1988年，国务院颁布了《中华人民共和国道路交通管理条例》，这是我国首次由国务院出台的道路交通安全方面的行政法规[②]。2003年，第十届全国人大常委会第五次会议审议通过了《中华人民共和国道路交通安全法》(以下简称《道路交通安全法》)，这是我国道路交通安全方面的首部正式法律[③]。

《道路交通安全法》的起草工作始于1993年，自起草工作开始到正式发布，前后整整经过了十年的时间。在起草的十年中，随着我国道路交通状况的变化和机动车的不断发展以及道路交通管理政策措施的不断调整，草案的内容也在不断更新，前后几十次易稿，以人为本、公平与便民的原则成为这部历经四次常委会审议的法律的最大特点。为了保证《道路交通安全法》准确、有效地实施，国务院常务会议于2004年4月28日审议通过了与之配套的《中华人民共和国道路交通安全法实施条例》(以下简称《道路交通安全法实施条例》)。由此可见，《道路交通安全法》的修改是一个逐步提高立法位阶的过程，这表明道路交通安全问题已经成为关乎国计民生的大事。随着我国城市交通的快速发展，2004年施行的《道路交通安全法》在实践运行中逐渐暴露出一些新问题。为了在新形势下更好地维护道路交通秩序，预防和减少交通事故，保护人身安全和财产安全，全国人大常委会分别于2007年12月29日和2011年4月22日对《道路交通安全法》进行了修正，修正后的《道路交通安全法》于2011年5月1日起正式施行。一般来讲，法律应保持其相对稳定性，修法的频率不宜过高，《道路交通安全法》差不多三年一修，这就更充分地证明道路交通安全形势严峻，增强公民交通安全意识刻不容缓。

---

①部门规章是国务院各部门、各委员会、审计署等根据法律和行政法规的规定以及国务院的决定，在本部门的权限范围内制定和发布的调整本部门范围内的行政管理关系的，并不得与宪法、法律和行政法规相抵触的规范性文件。其主要形式是命令、指示、规章等。

②行政法规是国务院为领导和管理国家各项行政工作，根据宪法和法律，并且按照《行政法规制定程序条例》的规定而制定的政治、经济、教育、科技、文化、外事等各类法规的总称。

③法律是国家制定或认可的，由国家强制力保证实施的，以规定当事人权利和义务为内容的具有普遍约束力的社会规范。法律有广义与狭义之分。广义的法律是指法的整体，包括法律、有法律效力的解释及行政机关为执行法律而制定的规范性文件(如规章)。狭义的法律专指拥有立法权的国家权力机关依照立法程序制定的规范性文件。此处法律为狭义。

二、我国道路交通安全法体系的构成及内容

我国道路交通安全法律、法规、规章等法律规范,由于制定的国家机关不同,形成了一个具有不同法律地位和效力的、自上而下的、统一的、多层次的道路交通安全法律体系。

(一)国际条约和协定

我国签署的国际条约中,涉及道路交通安全方面内容的主要有:汽车准入制度、道路交通行政管理透明原则、道路交通法律制度公开原则、驾驶证核发对等制度、道路交通处罚听证制度等。在法律效力上,我国签署并承认的国际条约高于国内法。

(二)法律

法律,即全国人民代表大会及其常委会制定的《道路交通安全法》,已于2003年10月28日由第十届全国人大常委会第五次会议审议通过,并由国家主席签署命令颁布。之后,该法又于2007年和2011年两次修订。

(三)行政法规

在道路交通安全法律体系中,国务院颁布的《道路交通安全法实施条例》,其地位仅次于《道路交通安全法》,属于规范道路交通安全的行政法规。

(四)地方性法规

道路交通安全方面的地方性法规是省、自治区、直辖市人民代表大会及其常务委员会根据本行政区域的具体情况和实际需要,在法定权限内制定、发布并报全国人大常委会和国务院备案的规范性文件。其名称有条例、规定、规则、办法、实施细则等。

(五)行政规章

行政规章是作为全国道路交通安全管理的主管部门——公安部制定和发布的道路交通安全管理规章,以及公安部与有关部委联合制定和发布的有关道路交通安全管理方面的规章,其效力低于法律、行政法规。例如,《机动车驾驶证申领和使用规定》《道路交通安全违法行为处理程序规定》《机动车登记规定》等。

(六)技术标准

技术标准分为国家标准和部门标准,是交通安全法律体系的重要组成部分。例如,国家质量监督检验检疫总局发布的《道路交通标志和标线》(GB5768-1999)、《机动车运行安全技术条件》(GB7258-2004)以及公安部颁布

的《道路交通事故现场图绘制》(GA49-93)等。

(七)法律解释

正式有效的法律解释包括立法解释、司法解释、行政解释和地方解释。所谓立法解释,是指国家立法机关对其颁布的法律所做的说明和解释。例如,《交通安全法》对“道路”“非机动车”等名词含义的解释。所谓司法解释,是指国家司法机关(主要指最高人民法院和最高人民检察院)在适用法律过程中,对如何适用法律所做的解释。所谓行政解释,是指国家行政机关对本部门所制定的行政规章应如何适用所做的解释。所谓地方解释,是指地方立法机关对本机关制定的地方性法规应如何适用所做的解释。

根据我国现有的道路交通安全法律、法规内容可知,道路交通安全法律体系涉及道路交通管理规定、车辆管理规定、驾驶员管理规定、道路通行规定、道路交通事故处理规定、道路设施规定和道路交通违法处罚规定等。

三、新《道路交通安全法》修法的亮点——“严”字当头

《道路交通安全法》共八章124条。这八章的具体内容分别是:总则、车辆和驾驶人、道路通行条件、道路通行规定、交通事故处理、执法监督、法律责任和附则。新《道路交通安全法》主要对酒后驾驶机动车和机动车牌证管理的相关内容做了大幅度的修改。从修改的内容来看,该法贯穿了“从严处罚”的基调。

一是“醉驾”入刑,醉驾肇事将终身禁驾。为与2011年5月1日起施行的《刑法修正案(八)》相衔接,修改后的《道路交通安全法》第91条删去了对醉酒驾驶机动车行为人拘留和罚款的规定,将暂扣机动车驾驶证的处罚改为吊销机动车驾驶证,并对重新取得机动车驾驶证的资格做了严格限制。醉酒驾驶机动车的行为人涉嫌危险驾驶罪,由法院判处拘役并处罚金,同时构成其他犯罪的,依照处罚较重的规定定罪处罚。在依法追究醉酒驾驶机动车行为人刑事责任的同时,也大幅提高了对饮酒驾驶机动车的罚款额度和暂扣驾驶证期限,并处拘留甚至吊销机动车驾驶证。尤其需要注意的是,修改后所规定的“再次”不受修改前的“1年内”的限制,除非有新的司法解释做出规定,否则没有时间期限的限制,无论何时“再次”饮酒后驾驶机动车,都将处以拘留并吊销机动车驾驶证。“终身禁驾”原来只体现在《道路交通安全法》第101条中,是对造成交通事故后逃逸的特别规定,修改后的第91条第5款规定,饮酒后或者醉酒驾驶机动车交通肇事被依法追究刑事责任的,吊销机动车驾驶证并终身不得重新取得机动车驾驶证。处罚如此严厉,饮酒后驾驶机动车的风险可见一

斑，更不用说醉酒驾驶机动车了。

二是提高了对酒驾的惩罚力度，酒驾暂扣驾照的期限增加为半年。2011年5月1日起施行的新《道路交通安全法》大幅提高了对酒后驾驶的罚款额度，并延长了暂扣驾照的期限。对饮酒后驾驶机动车的，罚款从200元以上500元以下提高至1000元以上2000元以下，暂扣机动车驾驶证的期限从1个月以上3个月以下提高到6个月。因饮酒后驾驶机动车被处罚，再次饮酒后驾驶机动车的，处10日以下拘留，1000元以上2000元以下罚款，并处吊销机动车驾驶证。此外，对于饮酒后驾驶营运车辆的，新《道路交通安全法》增加了15日拘留的处罚，将罚款从500元提高到5000元，并将暂扣机动车驾驶证的处罚改为吊销机动车驾驶证，且5年内不得重新取得机动车驾驶证。

三是加大对假牌、套牌车的处罚力度。与新《道路交通安全法》第91条的修改相比较，第96条的修改似乎并不引人关注。鉴于伪造、变造机动车牌证及使用假牌、假证等违法行为的社会危害性日益突出，原来的规定存在明显的罚与过不相适应的状况，修改第96条正是出于有效惩治这一违法行为的需要。修改后的第96条将原第96条第1款进行分解，进一步加大对不同违法行为的惩处。在大幅度提高罚款数额的同时，规定对未构成刑事犯罪的处以行政拘留。如此高额的处罚，在修改前的《道路交通安全法》中只出现在第92条，而且前提是只有运输单位的车辆超载经处罚不改的，才对直接负责的主管人员处2000元以上5000元以下罚款，至于对其他交通违法行为的处罚最高都不超过2000元。从修改后的第96条不难看出，处罚伪造、变造和使用机动车牌证等违法行为的力度之大。

新《道路交通安全法》显著提高了违法者的违法成本，也增加了违法者逃避处罚的可能。在这种情况下，面对交警检查，有的喝过酒的驾驶人为逃避处罚，强行冲卡、撞交警、逃跑等行为在实际生活中都客观存在。随着处罚严厉力度的加大，驾驶人逃避检查、妨碍执法的情况可能会增加，这就对交警的执法能力和执勤执法安全防护水平提出更高的要求。因此，在制定完善执法办案程序的同时，还要进一步细化查处酒后驾驶、追逐竞速、涉牌涉证等违法犯罪行为的操作规程，落实交通民警道路执勤执法安全防护装备的配备和使用，防止车辆冲闯执勤卡点和伤害民警案件的发生，对拒绝、阻碍民警依法执行职务的，要快速处置，严厉打击。

四、《道路交通安全法》是否完美无缺

《道路交通安全法》是一部坚持以人为本、凸显生命尊严、彰显公平正义的法律,是我国第一部道路安全大法,是从我国经济和社会发展的需要出发,进一步完善我国道路交通安全管理,推进道路交通安全管理工作法制化的重要举措,也是不断推进我国各项社会管理活动法制化的一项重要内容。《道路交通安全法》的实施对提高道路交通安全、减少交通事故起到了积极的作用,但美中不足的是,《道路交通安全法》还存在一些立法缺陷。

(一)关于简易程序的规定

《道路交通安全法》第107条规定,200元以下罚款可以适用简易程序。根据有关上位法的精神,这个规定是无效的。它既违背了《行政处罚法》关于简易程序适用范围(50元以下罚款)的规定,也违背了《立法法》关于法律适用原则的规定。全国人大常委会立法,对规定《道路交通安全法》第107条与《行政处罚法》简易程序适用范围不一致的问题做解释时,坚持的是"新法优于旧法,特别法优于普通法"的原则。殊不知,《立法法》第83条恰恰是对这个原则的限制。同样,《行政处罚法》第3条也是对行政处罚立法的限制。"新法优于旧法,特别法优于普通法"在一般情况下是成立的,所以,我们容易将其适用范围进行人为的扩大。

2000年3月通过的《立法法》,使这个原则受到了严格的限制。根据《立法法》第83条规定,只有同一机关制定的法律之间的冲突才能适用这个原则来选择法律。《行政处罚法》是全国人大制定的基本法律①,《道路交通安全法》是全国人大常委会制定的普通法律②,全国人民代表大会和全国人大常委会的法律地位并不平等,立法权限、立法程序亦不相同,属于不同的国家立法主体,两者非"同一机关",它们制定的法律不能按照所谓"新法优于旧法,特别法优于普通法"的原则来处理。《行政处罚法》对行政处罚立法的限制体现在该法第3条的规定,对违反行政管理秩序的行为应当给予行政处罚的,依照本法由法律、法规或者规章规定,并由行政机关依照本法规定的程序实施。这表明,在行政处罚方面,《行政处罚法》是标准法,是"母法"。由此可见,《行政处罚法》以立法的方式宣告排除其他法律做出与其不一致的规定,其他法律对行政处罚方

---

①基本法律,指全国人大制定和修改的刑事、民事、国家机构及其他方面的规范性文件。

②本书所指的普通法律,指基本法以外的法律,即由全国人大常委会制定和修改的规范性文件。值得说明的是,上述划分是从狭义的角度理解法律的。

面的规定和实施,无论是实体还是程序,都要依照《行政处罚法》。这是对立法上"但书"效力的限制和排除(在但书制度下,一部法律允许其他法律、法规或规章与本法不一致的规定有优先的效力)。

《行政处罚法》和《立法法》的立法主体是全国人大,《道路交通安全法》的立法主体是全国人大常委会。从立法机关的地位来看,全国人大较之全国人大常委会要高,下位法要服从上位法,这是毋庸置疑的。对简易处罚程序规定的冲突,《道路交通安全法》应服从《行政处罚法》。虽然《道路交通安全法》已经生效,但是如果生效法律里面的具体条文规定与上位法规定相抵触,那么该具体条文就失去法律效力。没有效力的条文不能成为行政机关处罚的有效依据。

综上所述,在道路交通安全管理行政执法上,对超过50元的罚款应适用一般程序,不能适用简易程序。从《道路交通安全法》实施以来各地陆续公布的一些案件来看,不少是依据《道路交通安全法》适用简易程序罚款200元的,鲜有当事人对此提出异议,法院也没有对此问题进行审查处理(当然要遵循不告不理的法理),确实是立法上一个重大的纰漏。

(二)关于罚款程序的规定

《道路交通安全法》第108条第2款规定,对行人、乘车人和非机动车驾驶人的罚款(即第89条:5元以上50元以下罚款),当事人无异议的,可以当场予以收缴罚款。而《行政处罚法》第47条规定,依照本法第33条的规定当场做出行政处罚决定,有下列情形之一的,执法人员可以当场收缴罚款:(1)依法给予20元以下的罚款的;(2)不当场收缴事后难以执行的。该法第48条规定,在边远、水上、交通不便地区,行政机关及其执法人员依照本法第33条、第38条的规定做出罚款决定后,当事人向指定的银行缴纳罚款确有困难,经当事人提出,行政机关及其执法人员可以当场收缴罚款。这两条明确规定了执法人员可以当场收缴的罚款数额和情形。同时,《行政处罚法》第46条还规定了罚款与收缴相分离制度,即做出罚款决定的行政机关应当与收缴罚款机构分离。除依照本法第47条、第48条的规定当场收缴的罚款外,做出行政处罚决定的行政机关及其执法人员不能自行收缴罚款。当事人应当自收到行政处罚决定书之日起15日内,到指定的银行缴纳罚款。银行应当收受罚款,并将罚款直接上缴国库。从而进一步说明,除《行政处罚法》第47条、第48条规定的情形外,行政机关及其执法人员做出的20元以上的罚款决定,都应该让被处罚当事人到指定银行缴纳罚款。而《道路交通安全法》第108条对做出5元以上50元以下罚款可以当场收缴的规定，明显违反了《行政处罚法》的规定。另外，《道路交通安全法》第108条所设置的可以当场收缴罚款的前提条件是"当事人无异议"。如果按照这一规定，那么"当事人有异议的"，做出的5元以上50元以下的罚款就不能当场收缴。而当场处罚是行政机关的单方行为，不取决于当事人同意还是不同意，它是以国家强制力作为保证的。《道路交通安全法》的这种规定，既词义模糊又不便于实际执行，还违反了《行政处罚法》第33条、第47条、第48条的规定。由此可见，法律草案通过前一定要广泛地、充分地征求社会各界尤其是法学界的意见。

（三）《道路交通安全法》在定义方面失之精准

1.对"道路"定义有失精准。《道路交通安全法》将"道路"定义为"公路、城市道路和虽在单位管辖范围但允许社会机动车通行的地方，包括广场、公共停车场等用于公共通行的场所"，显然有附会之意。我们认为，道路本是十分通俗易懂的概念，没有必要再做解释，而这一解释反而出了问题。一是犯了循环论证的错误，把道路说成是公路、城市道路和允许社会机动车通行的地方。二是在列举的内容中把乡村道路遗漏在道路之外，对事故处理产生非常不利的影响。随着"城乡一体化"进程的加快，乡村道路普遍硬化，车辆、行人通行量增大，发生的事故也相当之多，将乡村道路遗漏的法律解释，势必会产生法律漏洞，不利于定纷止争。三是城镇建设迅速扩张，公路和城市道路随时发生转换，已经很难区分。可见，《道路交通安全法》将有争议的内容进行列举，导致实践中一些交通事故的处理难度增大。

2.对"车辆"的定义有失精准。《道路交通安全法》简单地把车辆区分为机动车和非机动车，显然不全面。现在中小城市中数量庞大的电动自行车本属于机械驱动的车辆，其行驶速度远高于普通自行车，但《道路交通安全法》一概将其界定为非机动车，恐非合理之举。而且该法中没有明确燃油助力车[①]的身份，现实生活中很多地方都有燃油助力车，虽然一些大中城市对燃油助力车进行了限期淘汰，但由于交费少，还是很受欢迎，可以说很多地方都有"燃油助力车擦着法律跑"的现象。因此，对车辆的区分应进一步细化，将车辆划分为机

①燃油助力车主要分为两种，一是外形类似电动摩托车的二冲程踏板车，二是单缸四冲程燃油助力车。前一种车采用的原理较为简单，体积小，但噪声大、耗油多，且行驶中因燃烧不充分会排放一种蓝烟；后一种车采用的四冲程将发动机每次工作时杠杆往返次数增加1倍（即往返4次），加强了汽油燃料燃烧的充分性，大大降低了污染和噪音。现在行驶的助力车基本上都属于四冲程类型，这种车具有省油、环保的优点。

动车、非机动车和机械助力车，将人力车和畜力车划为非机动车，这样的划分更具有科学性、合理性。

3.对"事故"的定义有失精准。《道路交通安全法》对交通事故定义为"车辆在道路上因过错或意外造成人身伤亡或财产损失的事件"。严格来讲，这句话是有语病的。车辆本身是不会发生过错的，有过错的只能是车辆使用人、管理人和交通参与人。如果我们将其理解为是车辆驾驶人，则会使人误解为在道路上行人的过错或者意外造成的人身伤亡、财产损失不构成交通事故。须知，交通事故不仅有道路交通事故，还有水上交通事故等。再者，机动车意外下河造成的人身、财产损失也是交通事故，显然这一定义不够严谨。交通事故的定义应进一步简化，可定义为：在交通行为过程中，发生人身伤亡或财产损失的意外事件。

(四)《道路交通安全法》与现实生活实际存在脱节之处

1.对行人、乘车人的交通违法行为处罚难以落实。《道路交通安全法》第61条至第66条对行人和乘车人的交通行为规范做了明确的规定。《道路交通安全法》第89条也指出，行人、乘车人、非机动车驾驶人违反道路通行规定的，处警告或者5元以上50元以下罚款，条款的规定很详细，也很具体，但在实践过程中，交通警察很难处罚许多违反《道路交通安全法》规定的行人、乘车人。对于行人、乘车人拒不接受处罚时交通警察可采取什么强制措施，在《道路交通安全法》和《道路交通安全法实施条例》中并没有规定。现代城市生活中，"黑车"[①]就是最典型的例子，尽管存有严重安全隐患，但处罚乘坐黑车的乘客始终于法无据。

2.对机动车临时停车的规定不合理。《道路交通安全法》规定，对违反规定停车的违法行为的处罚必须附有"驾驶人拒绝驶离"和"妨碍其他车辆、行人通行"的前置条件，造成实践中大量的机动车驾驶人，特别是营运的机动车驾驶人肆意乱停上下客，严重影响了道路交通秩序。虽然《道路交通安全法》第56条对机动车应如何停放和临时停车做出了明确规定，但第93条却又增加了管理难度，机动车驾驶人即使有违法停车行为，但只要不属"拒绝驶离"的情形，执勤民警便无权对其进行处罚。另外，"妨碍其他车辆、行人通行"也是处罚乱停车的一个前置条件。那么，车辆的停放是否妨碍了其他车辆、行人的通行，

①黑车指没有运营资格、不被国家允许的、以赢利为目的的机动车。黑车对乘客没有安全上的保证，而且影响正规出租车的利益，大量存在辱客、宰客、弃客甚至伴随抢劫、敲诈勒索、强奸等犯罪行为，严重破坏交运秩序。

其标准是什么，谁说了算，这些问题都是该法的空白点。由于这两个前置条件的限制，大量机动车随意停车的违法现象得不到有效治理，如不少城市长途汽车站周边均存在数量不等的可拼的出租车，公安和交通两个部门均无执法依据，这严重影响交通畅通和城市形象。该法同时规定，机动车驾驶人不在场或拒绝立即驶离的，可以拖离现场；但该法又规定，因采取不正确的方法拖车造成车辆损坏的，应承担补偿责任。遗憾的是，该法对拖车的正确方法并未规定。如果照此实行，公安交通管理部门可能每年面临巨额的拖车损坏经济补偿。

3.对运输单位的处罚语焉不详。《道路交通安全法》第92条规定，公路客运车辆载客超过额定乘员的，处200元以上500元以下罚款；运输单位的车辆有载客超过额定乘员、超过核定载质量的情形，经处罚不改的，对直接负责的主管人员处2000元以上5000元以下罚款。那么，专业运输单位所拥有的车辆有多有少，少则几辆车，多则上千辆车，对不管拥有几辆车的运输单位都实行同样的标准显然不公平。并且，何为经处罚不改，是同一辆车、同一驾驶员，还是同一违法行为经处罚不改，在《道路交通安全法》中均没有做出详细规定。

4.关于禁止拖拉机载人的规定不符合实际。《道路交通安全法》第55条第2款指出，在允许拖拉机通行的道路上，拖拉机可以从事货运，但是不得用于载人。在没有其他合适的交通工具替代的情况下，如果一味地禁止也是不现实的，而且这一条与第50条中“货运机动车需要附载作业人员的，应当设置保护作业人员安全措施”的规定相矛盾。

5.行驶证、驾驶证携带要求过于机械。关于行驶证、驾驶证的随身携带问题，我们认为，公民处于执法活动中的弱势地位，应实行“谁主张谁举证”原则，交警认为驾驶人没有取得驾驶证或驾驶的车辆没有行驶证，应该由交警查寻有关登记系统核实，而不是要求公民随身携带行驶证、驾驶证。事实上，公民每天携带驾驶证、行驶证等造成的麻烦也不少，很多人就因为随身携带证件导致证件丢失。交警查证时，只要驾驶人能在一定的时间内提供这些证件，没有什么不可以。而交警部门暂扣证件也不是一种好的方法，事实上很多人正是因为证件被暂扣才造成了无证驾驶。

【典型案例】

案例一　道路交通安全工作统一办公室是否有处罚权?[①]

某市政府为了加强道路交通管理工作,专门成立了一个道路交通安全工作统一办公室。该办公室独立于该市交通管理部门,负责该市的道路修建,维护交通安全管理的协调工作。张某是该市市民。某日,张某开车在下一个大坡时挂空挡,导致刹车不及,车辆撞翻了停在路边的一辆小三轮车。该市交通管理部门对这起交通事故进行了处理,认定张某下坡挂空挡的行为属违章驾驶,因而对张某进行了相关处罚。一周之后,张某又收到了该市统一办公室的罚款通知书,要求张某就上次挂空挡的违章行为缴纳罚款。

案例二　法院依法撤销交警处罚案[②]

2005年7月至11月间,广西南宁蒙先生8次被"电警"拍下违法停车记录。2006年6月5日,蒙先生驾车经过南宁市园湖路时,被路面值勤交警拦下。当天,当班民警开出了8张罚单,每张罚款200元,共1600元。交完罚款后,蒙先生越想越不服气,于同年9月4日将南宁市交警支队告上了法庭。法院一审判决撤销了交警对他做出的8起处罚,并判令交警如数退还罚款。

【以案说法】

案例一　交通违法处罚不可越俎代庖

为了综合治理、协调一致,国家各部门、机关、单位、组织、团体对于交通工作的主管范围与权责划分如下:各级公安部门,包括国务院公安部门与县级以上地方各级人民政府公安机关交通管理部门,负责其行政区域内的道路交通

---

①《中华人民共和国道路交通安全法(案例应用版)》,中国法制出版社2009年版,第5-7页。

②详见《司机被电子警察拍中8次,法院一审判交警撤销处罚》,http://news.sina.com.cn/s/2007-01-06/050010937388s.shtml

安全管理工作。具体包括:机动车、非机动车的登记及技术检验监督工作;机动车驾驶证的审定、审验工作;对各种道路交通安全违法行为依法进行行政处理、调解和责任认定;为交通安全而需要进行的其他工作。这些一般都属于公安部门的专有权限,其他部门不得擅自行使或干涉。

县级以上各级人民政府交通、建设管理部门依据各自职责,负责有关的道路交通工作。这里"有关的道路交通工作"一般指道路交通安全管理以外的有关道路交通工作。例如,规划局、建设厅(局)内的规划部门等道路规划管理部门负责道路工程的审批,市政工程管理局、城市建设局、交通厅(局)等道路建设管理部门负责城乡道路的建设、改造、维护和保养。此外,各级人民政府、机关、部队、企事业单位、社会团体和其他组织以及教育行政部门、学校,还有新闻、出版、广播、电视等有关单位则负责道路交通安全宣传教育工作。这种法定的进行道路交通安全教育的责任实现的形式可以是多种多样的,目的在于提高全社会的道路交通安全意识,实现《道路交通安全法》的立法宗旨。

本案中,某市政府成立道路交通安全工作统一办公室的行为是合法正当的行政行为。但是,如果这个办公室享有专属于公安交通管理部门对各种交通安全违法行为进行行政处罚的权限,就不符合《道路交通安全法》的规定了。因此,该办公室无权对张某的违法行为进行处罚。

案例二　交警处罚并非终局决定

交警支队作为道路交通管理主管部门,虽具有执法主体资格和法定职权,但对道路交通安全违法行为进行处罚时,应当查明交通违法事实,正确适用法律、法规的有关规定进行处罚。在这起案件中,交警对蒙先生违法行为的认定只记载违法行为代号,没有载明他违反了哪些法律、法规。另外,虽然蒙先生在某路段有停车的事实,但在交警做出的处罚决定书中,对他的违法行为究竟是"机动车违反规定停放",还是"临时停车且驾驶人不在现场",还是"驾驶员虽在现场但拒绝立即驾离",均未予以确认,电子警察录像也不能证实蒙先生违反的是哪一种情形。因此,交警对蒙先生做出的8起处罚属于事实不清,证据不足,且适用法律、法规不正确,依法应予撤销。因此,建议驾驶员朋友学法用法,对非法做出的处罚决定要敢于说"不",甚至对簿公堂。

【法条链接】

道路交通安全法

第五条　国务院公安部门负责全国道路交通安全管理工作。县级以上地方各级人民政府公安机关交通管理部门负责本行政区域内的道路交通安全管理工作。

县级以上各级人民政府交通、建设管理部门依据各自职责,负责有关的道路交通工作。

第五十条　禁止货运机动车载客。

货运机动车需要附载作业人员的,应当设置保护作业人员的安全措施。

第五十六条　机动车应当在规定地点停放。禁止在人行道上停放机动车;但是,依照本法第三十三条规定施划的停车泊位除外。

在道路上临时停车的,不得妨碍其他车辆和行人通行。

第七十条　在道路上发生交通事故,车辆驾驶人应当立即停车,保护现场;造成人身伤亡的,车辆驾驶人应当立即抢救受伤人员,并迅速报告执勤的交通警察或者公安机关交通管理部门。因抢救受伤人员变动现场的,应当标明位置。乘车人、过往车辆驾驶人、过往行人应当予以协助。

在道路上发生交通事故,未造成人身伤亡,当事人对事实及成因无争议的,可以即行撤离现场,恢复交通,自行协商处理损害赔偿事宜;不即行撤离现场的,应当迅速报告执勤的交通警察或者公安机关交通管理部门。

在道路上发生交通事故,仅造成轻微财产损失,并且基本事实清楚的,当事人应当先撤离现场再进行协商处理。

第七十一条　车辆发生交通事故后逃逸的,事故现场目击人员和其他知情人员应当向公安机关交通管理部门或者交通警察举报。举报属实的,公安机关交通管理部门应当给予奖励。

第七十二条　公安机关交通管理部门接到交通事故报警后,应当立即派交通警察赶赴现场,先组织抢救受伤人员,并采取措施,尽快恢复交通。

交通警察应当对交通事故现场进行勘验、检查,收集证据;因收集证据的需要,可以扣留事故车辆,但是应当妥善保管,以备核查。

对当事人的生理、精神状况等专业性较强的检验,公安机关交通管理部门应当委托专门机构进行鉴定。鉴定结论应当由鉴定人签名。

第七十三条 公安机关交通管理部门应当根据交通事故现场勘验、检查、调查情况和有关的检验、鉴定结论，及时制作交通事故认定书，作为处理交通事故的证据。交通事故认定书应当载明交通事故的基本事实、成因和当事人的责任，并送达当事人。

第七十四条 对交通事故损害赔偿的争议，当事人可以请求公安机关交通管理部门调解，也可以直接向人民法院提起民事诉讼。

第八十八条 对道路交通安全违法行为的处罚种类包括：警告、罚款、暂扣或者吊销机动车驾驶证、拘留。

第八十九条 行人、乘车人、非机动车驾驶人违反道路交通安全法律、法规关于道路通行规定的，处警告或者五元以上五十元以下罚款；非机动车驾驶人拒绝接受罚款处罚的，可以扣留其非机动车。

第九十条 机动车驾驶人违反道路交通安全法律、法规关于道路通行规定的，处警告或者二十元以上二百元以下罚款。

第九十三条 对违反道路交通安全法律、法规关于机动车停放、临时停车规定的，可以指出违法行为，并予以口头警告，令其立即驶离。

机动车驾驶人不在现场或者虽在现场但拒绝立即驶离，妨碍其他车辆、行人通行的，处二十元以上二百元以下罚款，并可以将该机动车拖移至不妨碍交通的地点或者公安机关交通管理部门指定的地点停放。公安机关交通管理部门拖车不得向当事人收取费用，并应当及时告知当事人停放地点。

因采取不正确的方法拖车造成机动车损坏的，应当依法承担补偿责任。

第九十九条 有下列行为之一的，由公安机关交通管理部门处二百元以上二千元以下罚款：

（一）未取得机动车驾驶证、机动车驾驶证被吊销或者机动车驾驶证被暂扣期间驾驶机动车的；

（二）将机动车交由未取得机动车驾驶证或者机动车驾驶证被吊销、暂扣的人驾驶的；

（三）造成交通事故后逃逸，尚不构成犯罪的；

（四）机动车行驶超过规定时速百分之五十的；

（五）强迫机动车驾驶人违反道路交通安全法律、法规和机动车安全驾驶要求驾驶机动车，造成交通事故，尚不构成犯罪的；

（六）违反交通管制的规定强行通行，不听劝阻的；

（七）故意损毁、移动、涂改交通设施，造成危害后果，尚不构成犯罪的；

（八）非法拦截、扣留机动车辆，不听劝阻，造成交通严重阻塞或者较大财产损失的。

行为人有前款第二项、第四项情形之一的，可以并处吊销机动车驾驶证；有第一项、第三项、第五项至第八项情形之一的，可以并处十五日以下拘留。

第一百条　驾驶拼装的机动车或者已达到报废标准的机动车上道路行驶的，公安机关交通管理部门应当予以收缴，强制报废。

对驾驶前款所列机动车上道路行驶的驾驶人，处二百元以上二千元以下罚款，并吊销机动车驾驶证。

道路交通安全法实施条例

第五条　初次申领机动车号牌、行驶证的，应当向机动车所有人住所地的公安机关交通管理部门申请注册登记。申请机动车注册登记，应当交验机动车，并提交以下证明、凭证：

（一）机动车所有人的身份证明；

（二）购车发票等机动车来历证明；

（三）机动车整车出厂合格证明或者进口机动车进口凭证；

（四）车辆购置税完税证明或者免税凭证；

（五）机动车第三者责任强制保险凭证；

（六）法律、行政法规规定应当在机动车注册登记时提交的其他证明、凭证。

不属于国务院机动车产品主管部门规定免予安全技术检验的车型的，还应当提供机动车安全技术检验合格证明。

第六条　已注册登记的机动车有下列情形之一的，机动车所有人应当向登记该机动车的公安机关交通管理部门申请变更登记：

（一）改变机动车车身颜色的；

（二）更换发动机的；

（三）更换车身或者车架的；

（四）因质量有问题，制造厂更换整车的；

(五)营运机动车改为非营运机动车或者非营运机动车改为营运机动车的;

(六)机动车所有人的住所迁出或者迁入公安机关交通管理部门管辖区域的。

申请机动车变更登记,应当提交下列证明、凭证,属于前款第(一)项、第(二)项、第(三)项、第(四)项、第(五)项情形之一的,还应当交验机动车;属于前款第(二)项、第(三)项情形之一的,还应当同时提交机动车安全技术检验合格证明:

(一)机动车所有人的身份证明;

(二)机动车登记证书;

(三)机动车行驶证。

机动车所有人的住所在公安机关交通管理部门管辖区域内迁移、机动车所有人的姓名(单位名称)或者联系方式变更的,应当向登记该机动车的公安机关交通管理部门备案。

第七条 已注册登记的机动车所有权发生转移的,应当及时办理转移登记。

申请机动车转移登记,当事人应当向登记该机动车的公安机关交通管理部门交验机动车,并提交以下证明、凭证:

(一)当事人的身份证明;

(二)机动车所有权转移的证明、凭证;

(三)机动车登记证书;

(四)机动车行驶证。

第四十八条 在没有中心隔离设施或者没有中心线的道路上,机动车遇相对方向来车时应当遵守下列规定:

(一)减速靠右行驶,并与其他车辆、行人保持必要的安全距离;

(二)在有障碍的路段,无障碍的一方先行;但有障碍的一方已驶入障碍路段而无障碍的一方未驶入时,有障碍的一方先行;

(三)在狭窄的坡路,上坡的一方先行;但下坡的一方已行至中途而上坡的一方未上坡时,下坡的一方先行;

(四)在狭窄的山路,不靠山体的一方先行;

(五)夜间会车应当在距相对方向来车一百五十米以外改用近光灯,在窄路、窄桥与非机动车会车时应当使用近光灯。

第八十条　机动车在高速公路上行驶，车速超过每小时一百公里时，应当与同车道前车保持一百米以上的距离，车速低于每小时一百公里时，与同车道前车距离可以适当缩短，但最小距离不得少于五十米。

第八十一条　机动车在高速公路上行驶，遇有雾、雨、雪、沙尘、冰雹等低能见度气象条件时，应当遵守下列规定：

（一）能见度小于二百米时，开启雾灯、近光灯、示廓灯和前后位灯，车速不得超过每小时六十公里，与同车道前车保持一百米以上的距离；

（二）能见度小于一百米时，开启雾灯、近光灯、示廓灯、前后位灯和危险报警闪光灯，车速不得超过每小时四十公里，与同车道前车保持五十米以上的距离；

（三）能见度小于五十米时，开启雾灯、近光灯、示廓灯、前后位灯和危险报警闪光灯，车速不得超过每小时二十公里，并从最近的出口尽快驶离高速公路。

遇有前款规定情形时，高速公路管理部门应当通过显示屏等方式发布速度限制、保持车距等提示信息。

第八十二条　机动车在高速公路上行驶，不得有下列行为：

（一）倒车、逆行、穿越中央分隔带掉头或者在车道内停车；

（二）在匝道、加速车道或者减速车道上超车；

（三）骑、轧车行道分界线或者在路肩上行驶；

（四）非紧急情况时在应急车道行驶或者停车；

（五）试车或者学习驾驶机动车。

第八十六条　机动车与机动车、机动车与非机动车在道路上发生未造成人身伤亡的交通事故，当事人对事实及成因无争议的，在记录交通事故的时间、地点、对方当事人的姓名和联系方式、机动车牌号、驾驶证号、保险凭证号、碰撞部位，并共同签名后，撤离现场，自行协商损害赔偿事宜。当事人对交通事故事实及成因有争议的，应当迅速报警。

第九十二条　发生交通事故后当事人逃逸的，逃逸的当事人承担全部责任。但是，有证据证明对方当事人也有过错的，可以减轻责任。

当事人故意破坏、伪造现场、毁灭证据的，承担全部责任。

第九十三条　公安机关交通管理部门对经过勘验、检查现场的交通事故应当在勘查现场之日起十日内制作交通事故认定书。对需要进行检验、鉴定的,应当在检验、鉴定结果确定之日起五日内制作交通事故认定书。

第九十四条 当事人对交通事故损害赔偿有争议,各方当事人一致请求公安机关交通管理部门调解的,应当在收到交通事故认定书之日起十日内提出书面调解申请。

对交通事故致死的,调解从办理丧葬事宜结束之日起开始;对交通事故致伤的,调解从治疗终结或者定残之日起开始;对交通事故造成财产损失的,调解从确定损失之日起开始。

第九十五条 公安机关交通管理部门调解交通事故损害赔偿争议的期限为十日。调解达成协议的,公安机关交通管理部门应当制作调解书送交各方当事人,调解书经各方当事人共同签字后生效;调解未达成协议的,公安机关交通管理部门应当制作调解终结书送交各方当事人。

交通事故损害赔偿项目和标准依照有关法律的规定执行。

【扩展阅读】

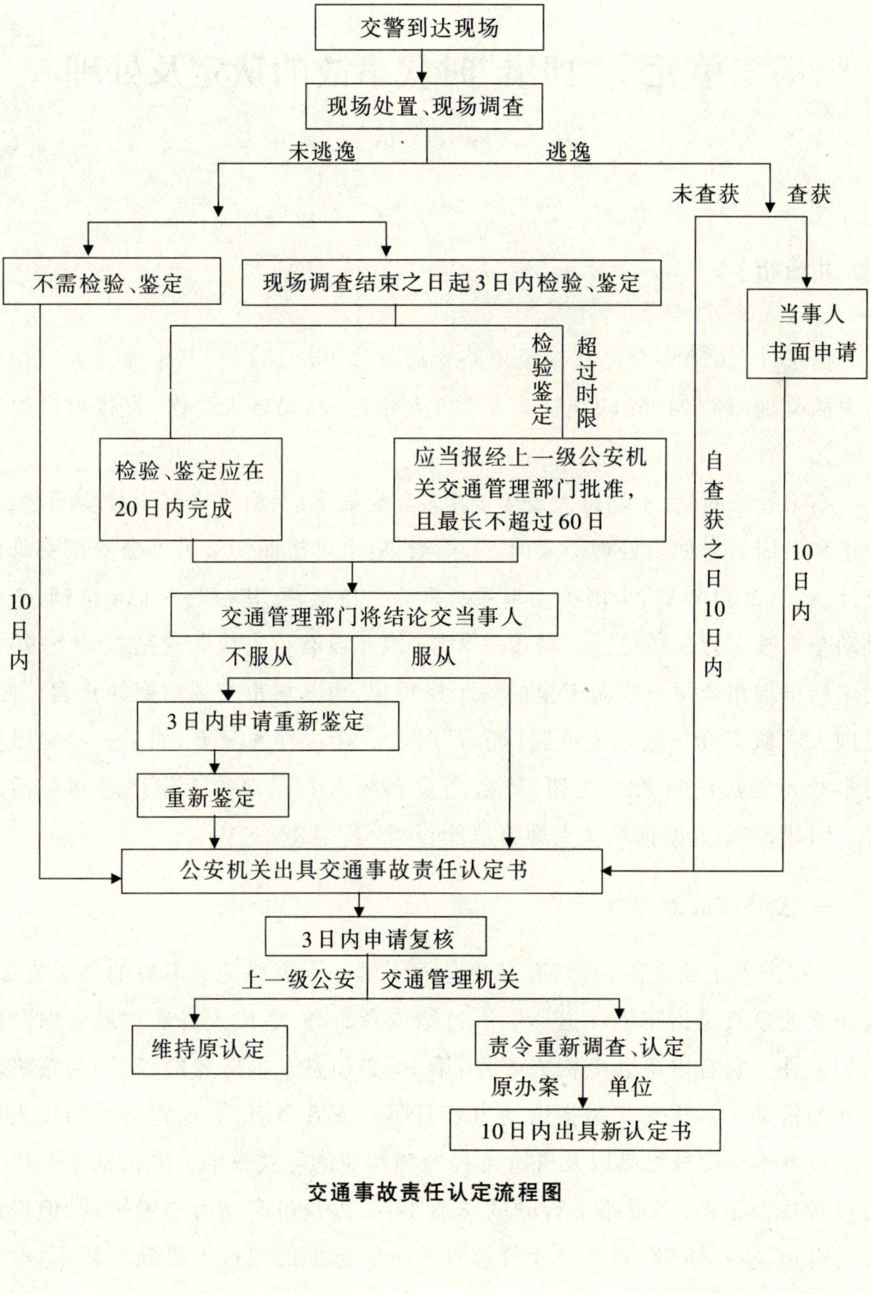

交通事故责任认定流程图

第二单元 “拥堵”时代事故的认定及处理

——从交通事故“私了”说开去

【精讲精析】

据统计，2010年全国共接报道路交通事故3906164起，其中涉及人员伤亡的道路交通事故219521起，造成65225人死亡、254075人受伤，直接财产损失9.3亿。[①]

不难想象的是，平均每天发生1万多起交通事故，将带来多少社会问题，多少不和谐因素。如果处理不及时、不得当，后果可想而知。另据公安部交管局统计，截至2011年底，全国机动车保有量为2.25亿辆，其中汽车1.06亿辆，全国机动车驾驶人为2.36亿人。“城市一大怪，汽车没有行人快”，这是20世纪90年代末期出现在全国一线城市里的一个怪现象，也是城市交通堵塞的真实写照，我国大中城市真正迎来了道路“拥堵”时代。在这种情况下，如果一些轻微交通事故不能灵活有效地处理，势必严重影响人们正常的工作秩序和生活节奏。因此，本单元的话题从交通事故能否“私了”谈起。

一、交通事故能否“私了”

在进入正题之前，我们有必要全面了解一下道路交通事故的有关常识。道路交通事故是指车辆在道路上因过错或者意外，造成人身伤亡或者财产损失的事件。它有以下几个构成要件：第一，必须是车辆造成的，车辆包括机动车和非机动车。机动车是指以动力装置驱动或者牵引，上道路行驶的供人员乘坐或者用于运送物品以及进行工程专项作业的轮式车辆。非机动车是以人力或者畜力驱动，在道路上行驶的交通工具，以及虽有动力装置驱动，但设计最高时速、空车质量、外形尺寸符合有关国家标准的残疾人机动轮椅车、电动

① 详见《以生命的名义，请踩住安全刹车》，http://news.163.com/11/1105/07/7I32ERUL00014AED.html

自行车等交通工具。由于机动车和非机动车的区分在某些道路交通事故损害赔偿案件处理中具有重要意义,涉及归责原则和责任比例问题,因此必须对二者进行准确区分。第二,事故必须是在道路交通管理法规中所称的道路上发生的。《道路交通安全法》规定的道路,特指公路、城市道路以及公共广场、公共停车场等供车辆、行人通行的地方。其中,供车通行的地方为车行道,供人通行的地方为人行道。在非道路上行车发生的事故不属于交通事故。第三,必须有损害结果发生,包括人身伤亡和财产损失。第四,事故系一方或多方当事人的违章行为造成,如果当事人各方都没有违章行为,则发生的事故不属于交通事故。例如,汽车轮胎崩起石块伤及行人的事件,由于参与交通的行人和汽车驾驶员都没有违章行为,所以不能构成道路交通事故。这一条件也同时排除了无法抗拒的原因,如地震、台风、山崩、塌方、雪崩等引起的事故。第五,当事人的主观心态可以是过失,其行为也可以没有任何过错,但主观上不能是故意。道路交通事故是偶然发生的,这些事故包括碰撞、碾轧、刮擦、翻车、坠车、爆炸、失火等。如果事故发生时,当事人的心理状态为故意,则不属于交通事故。凡利用交通工具自杀或故意制造车辆事故的,不属于交通事故,对此行为可能要适用《刑法》或《治安管理处罚法》。

所谓“私了”,即自行协商解决纠纷。《道路交通安全法》第70条第2款规定,在道路上发生交通事故,未造成人身伤亡,当事人对事实及成因无争议的,可以即行撤离现场,恢复交通,自行协商处理损害赔偿事宜;不即行撤离现场的,应当迅速报告执勤的交通警察或者公安机关交通管理部门。在道路上发生交通事故,仅造成轻微财产损失,并且基本事实清楚的,当事人应当先撤离现场再进行协商处理。[①]可见,交通事故“私了”要具备两个条件:一是没有造成人身伤亡,二是当事双方对事实和成因均没有争议。这两个条件都具备就可以自行解决。由于没有行政干预,这种事故用“私了”的处理方式是非常快捷的。在美国,对这样的车祸叫作“幸福车祸”。

(一)“私了”具有积极的意义

交通事故有大小之分,对于那些只造成轻微损害的交通事故,当事人完全可以通过自行协商来解决纠纷。首先,通过“私了”解决纠纷,对当事人来说可以减少麻烦,“私了”具有经济、便捷、快速等特点,从大的层面上来说也有利于节约国家司法资源。其次,在数量庞大的交通事故中,属于重大事故的毕竟是少数,大部分事故属于一般或轻微事故。如果事故无论巨细都必须“公了”,真

①在这种情况下,当事人现行撤离现场不是其权利,而是必须履行的法定义务。

正吃亏的是那些被堵塞的车辆和乘客,看似公正的“公了”,对绝大多数交通参与者来说其实是不公平的。再者,“私了”有利于群众养成大交通意识,是交通管理的一个进步。长期以来,一些人总认为交通管理是警方的事,忽视了群众参与的积极性。其实,偌大城市里车辆相互剐蹭、追尾等轻微事故是常事,采取快速处理方式,从某种意义上来说就是将事故勘查权交给当事人,由双方当事人、交警三方共同处理交通事故。群众的直接参与,有利于群众养成大交通意识,有利于警力的合理使用。

(二)“私了”的程序

一般来说,当事人自行协商处理交通事故,应当遵循下列程序。

1.查看损失情况,确认是否符合自行协商处理的条件。发生交通事故应立即停车、拉紧手制动、关闭电源、开启危险报警闪光灯(夜间还应当同时开启示廊灯和后位灯)、设置警告标志牌后,双方当事人简单查看交通事故中财产损失情况。

2.协商交通事故事实及成因,签订书面“事故事实”协议。简单查看财产损失后,人员应立即转移到路肩或者路面安全地点,对事故事实及成因进行协商。

对事故事实及成因达成一致意见的,各方当事人应当出示有效证件,填写《当事人自行解决交通事故协议书》中的“事故基本资料”“事故事实”,并由双方当事人签字确认。无协议书的,当事人应当以文字方式如实记载交通事故发生的事实(包括事故发生的时间、地点、当事人姓名、联系方式以及驾驶证号、车牌号、投保公司、保险凭证号、保险有效期、行驶方向、碰撞部位),并共同签名确认。有条件的,还可以采用摄像、拍照等方式固定证据。

当事人不愿“私了”,或者虽然愿意“私了”,但对事故事实及成因无法达成一致意见的,应当迅速报告执勤的交通警察或者公安机关交通管理部门处理。值得注意的是,事故事实及成因一定要采取书面协议形式,即填写《当事人自行解决交通事故协议书》的“事故事实”,并由双方当事人签字确认,不能采取口头协议方式,这是为了避免一旦撤离现场对方反悔,导致事故现场和事故责任无法认定。“事故事实”协议具有“固定”事故现场的效力,当事人达成“事故事实”协议后就事故事实及责任出现争议的,交通管理部门可以受理。在事故现场已经不复存在无法认定的情况下,交警部门将以“事故事实”记载的内容来确定当事人责任,双方当事人还可以共同申请进行损害赔偿调解。

3.拍照或标划位置后撤离现场。在确保安全的情况下,对现场摄像、拍照或者标划事故车辆现场位置后,各方当事人立即撤离现场。在当事人间尚未达成“事故事实”书面协议时,不应当自行撤离现场,而应当选择报警处理。当事人达成“事故事实”书面协议、撤离事故现场前,还应当对现场进行拍照或者标划事故现场位置,作为现场的保留证据。

4.保险报案和协商赔偿事宜,签订赔偿协议书。当事人撤离现场后,电话告知保险公司协商赔偿事宜,签订“赔偿协议”。双方当事人对具体赔偿事宜无法达成一致意见的,或者达成赔偿协议后就赔偿协议发生争议的,交警部门不再受理,可以(只能)向人民法院直接提起民事诉讼。

(三)交通事故“私了”应注意的事项

1.“私了”的当事人必须具有行为能力,不具有行为能力的人不能进行“私了”,他们达成的协议不具有法律效力。

2.交通事故“私了”必须是书面“私了”,即达成包括“事故事实”和“赔偿协议”在内的《当事人自行解决交通事故协议书》。

3.交通事故“私了”绝不是所谓的“掏钱私了”。“掏钱私了”后,事故现场已经不复存在,事故责任则无法认定,一旦引起纠纷,当事人将有口说不清,后患无穷。

4.当事人达成协议后,对事故事实和成因发生争议的,可以由交警部门受理。对赔偿协议发生争议的,交警部门不予受理。

5.当事人自行协商达成的损害赔偿协议书具有法律效力,当事人事后不得反悔。但是,如果该协议存在因重大误解、显失公平等可撤销、可变更的情形,当事人一方则有权请求法院予以撤销或者变更。

(四)交通事故“私了”可能出现的问题

1.不利于保护当事人的合法权益。有的当事人由于他人违章而造成自己人身伤亡或财产损失(由他人承担全部责任或主要责任),应当通过损害赔偿手段来惩罚对方的违法行为,使自己的损失得到补偿。如果私了,即使对方做了多付赔偿和各种承诺,也往往难以兑现,容易受骗上当。因此,重大、特大交通事故万万不可“私了”。

交通事故处理实践中不乏“私了”不了的个案。例如,陈某骑摩托车时,被一辆货车撞成重伤,闻讯赶来的陈某家属急忙把他送到医院抢救。这时,肇事者提出不要报警,表示愿意多赔些钱,并立即拿出1000元钱。然后,他谎称钱不够要到银行取款,谁知这名无良司机却驾车逃之夭夭。陈某家属发现加害人长时间未归后,方知上当。在这次事故中,陈某前后共花去医疗费近1万元,但只得了区区1000元的损害赔偿，实在是吃了一个“哑巴”亏。

再如，林某驾驶的摩托车与张某驾驶的汽车相撞，致林某膝盖粉碎性骨折，所骑摩托车被损坏。肇事后，双方私下协商解决，张某愿意赔偿林某医疗费及摩托车损失等共计8000元，并当即给付了1000元，答应将剩下的7000元在年底付清。但是到了年底，张某反悔，拒绝给付。林某无奈诉之法院，等到开庭审理时，林某未能提供有关证据，法院驳回了林某的诉讼请求。

事实上，在一些交通事故发生后，双方司机嫌麻烦提出“私了”时，由于有些受害者不懂交通事故处理方面的法律常识，致使索赔数额与实际应得的数额相差悬殊。根据相关法律规定，赔偿包括医疗费、误工费、住院伙食补助费、交通费、护理费、财产损失、残疾生活补助费、被扶养人生活费等，但实际上有相当多的受害人没有对后两项费用提出索赔要求。有的虽然提了，但因不懂赔偿标准，也与实际应得的赔偿相差甚远。

2.“私了”不了怎么办？实践中，“私了”不了的事时有发生，当事人在事后发现赔偿不足，才找到公安机关报案。由于事故现场可能已不复存在，在无法认定交通事故责任时，交警会推定当事人的交通事故责任，这种推定的准确性与实际往往有差距。因此，如遇一般交通事故需要“私了”时，一定要记住肇事车的车号并做好标记，然后移开车辆再报警，只有在交警到场见证下“私了”，才能更好地保护自己的合法权益。对那些轻微交通事故，能自己解决再自行解决。如果双方当事人不能就损害赔偿达成协议或协议后任何一方不履行的，可持交警开具的《道路交通事故简易程序处理书》向人民法院起诉对方。

（五）不得“私了”的情形

相关的交通法律法规虽然允许并鼓励当事人对事故进行“私了”，但是事事都有一个界限和范围，交通事故并非都可以“私了”。《道路交通事故处理程序规定》第8条规定了8种情形的事故应当保护现场并立即报警，这8种情形是：

1.造成人员死亡、受伤的；

2.发生财产损失事故，当事人对事实或者成因有争议的，以及虽然对事实或者成因无争议，但协商损害赔偿未达成协议的；

3.机动车无号牌、无检验合格标志、无保险标志的；

4.载运爆炸物品、易燃易爆化学物品以及毒害性、放射性、腐蚀性、传染病病原体等危险物品车辆的；

5.碰撞建筑物、公共设施或者其他设施的；

6.驾驶人无有效机动车驾驶证的；

7.机动车驾驶人饮酒，服用国家管制的精神药品或者麻醉药品的；

8.当事人不能自行移动车辆的。

其中第1、5种情形下当事人不得自行协商解决，主要是因为包括许多伤亡事故在内，车辆碰撞的固定物一般是交通设施及其他公共设施，这往往造成了国家、集体、个人的损失。为了保证国家、集体、个人在受到侵害后能得到及时有效的赔偿，法律规定对于此类事故当事人不得自行协商解决。第2、4、8种情形下当事人不得自行协商解决，是由相关法律对“私了”适用范围的规定所决定的。第3、6、7种情形下当事人不得自行协商解决，是因为这几项行为都属于严重的违法行为，尤其是第6、7种情形所列举的行为对交通安全的潜在危害极大，必须予以严厉打击和惩处。如果允许当事人自行协商解决，实际上就是放纵行为人的违法行为，与交通事故处理的基本原则背道而驰。

发生交通事故后，“私了”一定要慎重，交通事故如果造成人员伤亡，双方不可“私了”，以免事后伤情恶化，后患无穷。“私了”时，当事人(特别是无责任方)要看清对方的证件，记住车号，认真逐项填写协议书，确保填写内容准确无误，并应妥善保存，因为这是向保险公司索赔和发生争议后向法院提起民事诉讼的重要证据。有的当事人怕麻烦，也有的当事人害怕受到交警处罚，发生交通事故后本应报案的不报案，采取了双方私下协商的解决办法，这种不允许的“私了”往往留下严重后患，不能真正地保护自身的合法权益。

二、复杂交通事故责任认定

交通事故处理是交通管理中一项业务性极强、群众极为关心的公安工作，而事故认定是交通事故处理中较为重要、关键的环节。交通事故责任认定是一项复杂而具体的分析确定过程，它是决定赔偿数额与处罚幅度的重要依据。交通事故的发生千变万化，有些交通事故的责任认定错综复杂，涉及的当事人很多，认定当事各方责任相对繁杂。除此之外，客观条件的变化和调查取证存在局限性，办案人员的认识和思维差异以及在交通事故责任认定上出现的诸多问题，将会导致认定结果出现偏差。因此，交通事故责任认定是交通事故处理的难点问题，比如多方当事人的交通违法行为造成交通事故的责任认定，按照常规不能准确分析认定甚至根本无法认定时，就要采取特殊的认定办法，针对不同的交通事故进行责任认定。

交通事故责任是抽象、无形的客观存在，而不是具体、有形的客观存在，它是一种综合多种证据认定当事各方责任的推论证据，该证据的准确程度是经过分析、判断而得出的结论，与正确的认定方法和处理经验有着直接关系。目前，公安交通管理机关认定交通事故责任无固定、统一的模式，仅凭认识、理解和经验进行责任认定，难以保证责任认定的准确性，因此开展这方面的探讨和研究很有必要。

交通事故责任认定既有简单的一般认定，又有复杂的特殊认定。一般认定涉及一方或双方当事人的，认定起来容易得多，采用单方过错的单方责任或双方过错的双方责任一次认定。如果涉及三方或多方当事人的交通事故，责任认定就要复杂很多，有些采用一般认定的一次定责根本解决不了问题。因此，对这些复杂交通事故的责任认定，就必须采用特殊认定的二次或多次定责，这才是解决此类交通事故责任认定的有效办法。

涉及三方或多方当事人时，若要衡量交通事故责任是简单认定还是复杂认定，是一般认定还是特殊认定，是一次认定还是二次或多次认定，关键在于看这三方或多方当事人在事故中的相互关系是属于一起交通事故，还是属于两起或多起交通事故，这是解决类似交通事故责任认定的症结所在。如果确定属于一起交通事故，就按一次定责；如果确定属于两起或多起交通事故，就按二次或多次定责。

三方或多方当事人的交通事故，如果一方当事人的交通违法行为造成交通事故是独立的，则把其他两方或多方当事人作为一个整体，其中只有一方当事人具有交通违法行为，而其他方当事人无交通违法行为的，可作为一起交通事故，可按一次定责来认定。例如，客车载人与其他车辆发生事故，或单方翻车或单方撞固定物发生交通事故，驾驶客车的当事人和其他车辆的当事人或者驾驶客车的当事人应承担交通事故责任，乘客均没有责任。

三方或多方当事人均有交通违法行为的交通事故，这些交通违法行为虽与交通事故的发生有着因果关系，但三方或多方之间有的存在损害赔偿关系，而有的没有必然的赔偿与被赔偿的联系，可作为两起或多起交通事故来认定。用一次定责既不能准确表达各方当事人的赔偿责任，也不能进行合理有效的损害赔偿，此时只能够采用二次或多次定责的办法解决这些交通事故责任认定的问题。

三方当事人中的两方当事人有交通违法行为，一方当事人无交通违法行为，如果有交通违法行为的一方造成交通事故与无交通违法行为的一方因果有关，有交通违法行为的另一方与无交通违法行为的因果无关，按两起交通事故对待，用二次定责的办法认定责任，比较容易解决他们之间的赔偿关系，则用一次定责不能准确认定三方当事人的交通事故赔偿责任。例如，一辆严重超速行驶的直线车A，因没有采取有效的制动措施，将一辆直角行驶的车辆B碰撞后，驶入非机动车道，又将骑自行车的C撞伤，A车的超速行驶交通违法行为既是造成与B车交通事故的原因，又是造成与C交通事故的原因。而B车的交通违法行为却不是造成C交通事故的原因，仅仅与A车的交通事故原因有关。A车与B车两方进行第一次定责，A车与C再进行第二次定责。类似的交通事故，就可以按这种方法认定责任，能够准确表述这起三方当事人的交通事故的赔偿责任。

四方当事人的交通事故，一方有交通违法行为的当事人分别碰撞另外两方有交通违法行为的当事人，交通违法行为的第四方当事人又与这两方当事人其中的一方接触，应按两起事故二次定责。例如，A车违法逆行碰撞在机动车道行驶的骑自行车的B、C，一辆行驶的车辆D又与其中的B接触，造成交通事故。在认定这起交通事故时，按照二次定责较妥。A车和C两方互有赔偿联系视为一起事故，放在一起进行第一次定责，D车与C不存在赔偿联系，故不能在一起认定责任，A车、D车和B三方互有赔偿连带关系，视为一起交通事故，放在一起进行二次定责。

有多方当事人的交通事故，一方当事人的交通违法行为接触了第二方有交通违法行为的当事人，第三方当事人的交通违法行为也接触了第二方当事人，第四方当事人、第五方当事人等同样接触了第二方当事人，应当做四起事故对待。这就涉及不在同一时间的二次以上接触，需要用二次或多次定责的方法进行。例如，A车有交通违法行为碰撞行人B后，C车也有交通违法行为又将B碰撞，A车和B进行第一次定责，C车和B进行第二次定责。若在前述情况中又多了几个当事方，D碰撞B，E也碰撞B，则D和B进行第三次定责，E和B进行第四次定责。

涉及多方当事人的交通事故，其中造成交通事故的各方当事人的交通违法行为是分别独立的，应视为两起或多起交通事故，应进行二次或多次定责。例如，A、B、C、D、E五方当事人驾驶车辆同方向行驶，由于A遇情况突然停车，造成B撞A，C撞B，D撞C，E撞D的连锁撞车事故，分析事故发生的原因是由于B、C、D、E分别与前车安全间距不足的交通违法行为造成的，要用多次定责的方法进行定责。B和A看成是一起事故，进行第一次定责，C和B看成是一起事故，进行第二次定责，D和C之间、E和D之间依次类推进行第三次、第四次定责。假如情节变化,A、B、C、D均依次同方向停车等信号,有一辆无刹车的E由于停不住车而将A、B、C、D碰撞,这种情况是由E的单方交通违法行为造成的,A、B、C、D、E五方应视为一起交通事故,按一次定责的方式进行,由E和A、B、C、D共同一次性定责。

综上所述,交通事故的二次或多次定责比一次定责要复杂得多,办案人应当判别当事人各方交通违法行为与事故的因果关系是独立的还是互相联系的,损害赔偿是单独的还是互有联系的,以此来考虑适用哪种定责法则。进行二次或多次定责时,必须掌握构成二起或多起交通事故发生所必须具备的三个最基本条件:一是有二次或多次的接触(即碰撞或碾轧);二是二次或多次接触不在同一时间内发生,中间有一定的时间间隔;三是赔偿义务人与赔偿权利人之间没有必然的因果联系。也就是说,不在同一空间、同一时间发生的三方或多方当事人的交通事故,且当事人赔偿之间没有必然因果联系的,应进行二次或多次定责。

三、受害人存在过错情形的裁量处理

《民法通则》第131条规定,受害人对于损害的发生也有过错的,可以减轻侵害人的民事责任。这就是所谓的过失相抵,它同样是民事审判实践中存在问题最多的方面之一。过失相抵作为确定赔偿数额的方法,不仅适用于过错责任,同样也适用于无过失责任。从法理上讲,在民法的过错责任中,受害人自己具有过错时可能会影响侵权人是否承担责任的问题,同时也可能影响承担责任多少的问题。在无过错责任中,过失相抵作为当事人具有过错的法律后果,只能使侵权人减轻赔偿损失的数额。也就是说,过失相抵解决的是赔偿多少的问题,一般表现为赔偿数额上的相抵,这对当事人非常重要,也非常现实,有利于更好地维护当事人的利益。

在交通事故中,当事人负同等责任时,法庭就会让机动车一方赔偿50%的损失;机动车一方承担主要责任时,一般都为赔偿70%、80%甚至90%的损失;承担次要责任时,一般都为赔偿30%或40%的损失。原则上,机动车一方赔偿较多损失,这是因为我国目前没有关于过失相抵制度的法律规定或司法解释。根据最高人民法院《关于审理人身损害赔偿案件适用法律若干问题的解释》第2条第2款的规定,适用《民法通则》第106条第3款规定确定赔偿义务人的赔偿责任时,受害人有重大过失的,可以减轻赔偿义务人的赔偿责任。这明确规定了只有在受害人有“重大过失”的情况下,才“可以”减轻赔偿义务人的

赔偿责任，至于什么是“重大过失”，司法解释没有讲明。从责任实质方面讲，民事责任是实际存在的，而不存在相抵减轻责任的问题。归责原则所决定的是应否承担责任的问题，过失相抵所解决的是减轻赔偿及赔偿多少的问题，特别是在实践中，如果持“相抵减轻责任”这样的观点，将直接影响归责认定，具有十分严重的危险性。如果有一套完整的规定来解决过失相抵的比例基准，这种危险性将减少或者能得到有效扼制。

由于我国《民法通则》的条款过于简单，长期以来交通事故处理的法律法规处于不系统、分散甚至相互之间存在严重冲突的状态，这会直接影响到交通事故损害赔偿案件的处理，必然直接或间接地影响到交通事故当事人各方的利益，同时也会影响到社会、经济及相关产业的健康发展。我们期待着有关交通事故处理的各种机制与法律制度能够尽快得到完善。

四、交通事故责任认定仍待完善

《道路交通安全法》对交通事故责任认定的程序与原则做了重大的修订，但与之相关的解释及机制至今尚未出台，致使责任认定在实际操作中存在许多问题。比如，无论是1991年的《道路交通事故处理办法》，还是新出台的《道路交通安全法》，都只规定了公安机关交通管理部门应当根据当事人的行为，对发生交通事故所起的作用以及过错的严重程度，来确定当事人的责任。

在实践中，如何理解和确定当事人的行为对发生交通事故所起的作用以及过错的严重程度，则是“仁者见仁，智者见智”。不同地域、上下级公安机关交通管理部门或者同一单位的不同民警，对同一案件都可能有不同的认识和见解。对同样情形甚至同一起交通事故，不同的公安机关交通管理部门也可能做出不同的认定结果，甚至是截然不同的认定结果。这是因为，不同的人会从不同的角度得出不同的结论，并且都有一定的道理，常常是谁也说服不了谁，最终往往根据领导的看法定，法治也就走向了人治。因此，统一责任认定标准，在一定范围内实现责任法定是非常必要的。如2003年，北京市试行责任认定AB制[①]，即把交通事故中的车辆驾驶员、非机动车、行人较常见的四十多种违章行为罗列出来，并根据其违章行为的严重程度归纳为A、B两大类，当事人各方违章行为系同一类型则均负事故的同等责任，如不同类则违反A类的负主责，违反B类的负次责。

实现责任认定法定，在实际操作中可以参照最高人民法院的做法，定期搜

①详见《交通事故责任认定的完善措施》，http://lawxm.com/show-128-606-1.html.

集通报若干典型案例,对于行人、非机动车横穿道路,无证、酒后驾驶机动车,车辆违停等若干常见情形下发生的事故,明确当事人承担责任的一般判定原则。在没有具体判例的情况下,可以根据当事人的具体行为在事故中所起的作用及过错程度来分析当事人的责任。这有利于实际操作和统一标准,排除事故处理民警的主观因素,从而更客观地认定交通事故责任,使同种情形的交通事故责任认定最大限度地趋于一致。

五、谁为交通事故中的“无名氏”主张权利

实践中,不乏无法查明身份也无亲属主张赔偿权利的无名氏遭遇交通事故甚至在交通事故中死亡的情况,他们的权利该由谁来主张?有关部门能否作为“亲人”替他们主张权利?

对于此类案件,从受害者来看,遭遇车祸身亡,在找不到亲属的情况下无人为其维护权利,就会造成“撞了白撞”的尴尬局面,既不利于近亲属日后维权,也可能引发诉讼时效问题等新一轮讼争。从肇事方来看,在刑事案件中被告人的赔偿态度和数额也是量刑的考虑因素,但由于受害人近亲属不明而导致无法赔偿,从而影响对肇事方准确量刑。

由于现行法律的缺陷,无名氏们的权利一旦受到侵害,很难得到保障,也不可能提起诉讼。很多学者呼吁把无名氏流浪人群的权利保障归于民事公益诉讼[①]的范畴,以便于非利害关系人也能成为此类案件的诉讼主体。有学者指出,民政部门作为承担国家救济职能的部门,替身亡的流浪汉争取权利,实际上是一种公益诉讼。近年来,江苏、湖南等地出现了民政局为无名氏受害人维权的案件,有些案件被法院以原告主体不适格为由驳回起诉,有些案件则由法院判决被告支付原告赔偿款。事实上,在已经发生的案例中,索赔主体不仅仅有民政部门,还有救助基金管理机构、交警部门以及检察机关。[②]

但是,即便是目前最受认可的由民政部门作为“亲人”提出民事诉讼的模式,也由于法律定位上的空白,而使得民政部门的主体地位常遭到被告的质疑。有观点认为,在交通事故无名氏案件中,民政部门不具有原告主体资格。

---

①公益诉讼应有广义和狭义之分。广义的公益诉讼泛指一切为维护公共利益而提起的诉讼,它既包括国家机关代表国家以自己的名义提起的为维护公共利益的诉讼,也包括公民、法人和一切非法人组织以自己的名义提起的为维护公共利益的诉讼。而狭义的公益诉讼则仅指国家机关代表国家以国家名义提起的为维护公共利益的诉讼。

②常红:《浅议交通事故中死亡无名氏的权利保障》,载《法治论坛》,2011年第3期。

根据《民事诉讼法》的规定,起诉的原告是"与案件有直接利害关系的"公民、法人或其他组织,而民政部门不属于司法解释规定的赔偿权利人。同时,根据《城市生活无着的流浪乞讨人员救助管理办法》的相关规定,民政部门及救助站的职责是暂时帮助流浪乞讨人员解决基本生活需要,其工作职责并不包括代表或代替无名氏提起民事诉讼。主流观点认为,法律面前人人平等,虽然死者是无名氏,但也享有同等的权利,其生命健康权受法律保护,不能免除保险公司应该依照有关规定所负有的赔偿义务。由于法律规定不明确,目前代收代管无名氏赔偿款的主体处于缺位状态,以至于在交通事故中死者为无名氏的情况下,民政、路政、交管等部门都出面主张代收并保管无名氏的死亡赔偿款项。

尽管现阶段司法实践趋势是认可民政部门作为原告提起诉讼,但从当前的法律规定来看,民政部门确实没有此项法定权利,这就暴露了我国公益诉讼法律的缺位。由于我国是大陆法系国家,以往判例没有成文法的效力,司法实践仍处于无法可依的状态。对此,仅靠法官造法是无法解决的,它有待于通过立法来完善我国的救助制度,创设为特殊群体维权提起诉讼的适格主体。值得庆幸的是,有些地方政府已开始关注这个问题,对此类案件的处理先行一步,比如陕西省西安市长安区检察院、法院、公安分局、民政局四部门共同出台了《关于办理交通肇事案件无名氏被害人刑事附带民事诉讼办法》,确定了民政局的公益诉讼主体地位,填补了交通肇事案的维权空白,应该得到充分借鉴。

【典型案例】

交通事故责任无法认定的情形下法院如何划分责任?①

2007年9月14日下午,被告人王一(化名)驾驶某运输公司半挂货车,途经郑州市经北二路由西向东行驶到第八大街时,与许某驾驶的轿车发生交通事故,当时许某驾车沿第八大街由北向南行驶至第八大街与经北二路交叉口。半挂货车乘车人杨某、胡某从车上被甩出。交通事故认定书认定:该事故双方当事人的交通事故责任无法认定。事发当日,胡某被送往某医院抢救,于2007

①详见《交通事故责任无法认定,法院如何划分责任?》,http://china.findlaw.cn/jiaotongshigu/jtsgld/jtsgzlff/7261.html

年9月20日不治身亡,共住院7天,花费医疗费共计2万余元。事发后,胡某父母将肇事双方的司机和车主告上法院。

法院经审理后认为,被告王一驾驶半挂车与被告许某驾驶的轿车发生交通事故,致使半挂车乘车人胡某死亡,虽然交通事故认定书认定该事故双方当事人的交通事故责任无法认定,但胡某作为乘车人没有责任,胡某的死亡系双方驾驶员的行为直接结合造成的,双方驾驶员的行为对于损害结果的发生不能分割,均是损害发生的必要因素,根据公平原则,应由事故驾驶员双方承担此次交通事故的民事责任。故该法院认定事故驾驶员双方对因交通事故给两位原告造成的损失各承担50%的民事赔偿责任,并相互承担连带责任。被告王一系半挂车司机和实际车主,被告某运输公司系半挂车的登记车主和挂靠单位,并收取管理费,故王一应承担50%的民事赔偿责任,某运输公司对于王一应承担这部分责任,承担补充赔偿责任。被告王二(化名)系轿车的登记车主,庭审中,被告许某称自己与被告王二是朋友关系,事发当日借用王二的车外出为自己办事发生事故,因两位原告及被告王二未提出异议,被告王一、某运输公司也未提交任何证据证明被告许某与被告王二存在其他关系,故本院认定被告许某与被告王二之间系借用关系。事发时被告王二没有实际控制车辆,且不是使用受益人,故被告王二不应承担赔偿责任,剩余50%的民事赔偿责任应由被告许某承担。

本案结果:法院依照《民事诉讼法》第64条第1款,《民法通则》第119条、第130条,最高人民法院《关于审理人身损害赔偿案件适用法律若干问题的解释》第3条之规定,判决被告王一赔偿两位原告医疗费、死亡赔偿金、丧葬费、营养费、精神抚慰金等共计12.8237万元;被告许某赔偿两位原告医疗费、死亡赔偿金、丧葬费、精神抚慰金等共计12.8237万元;被告某运输公司对本判决第一项负补充赔偿责任;被告王一、许某对总赔偿额25.6474万元互负连带责任。

【以案说法】

公平原则可解责任无法认定之难题

对该案责任认定有如下不同的见解:

一、交通事故责任无法认定时可适用公平原则

《道路交通安全法》第76条确立了机动车之间发生交通事故适用过错原则

的规定,而对于事故责任无法认定的情形,没有进一步进行规定如何分配责任。在司法实践中,对于机动车发生交通事故后,由于事实不清致使事故责任无法认定的,任何一方均可举证对方存在过错。如经举证并证实双方都有过错的,按过错原则分担责任;如双方均无法举证对方存在过错的,则依据《民法通则》第4条的规定,由双方承担公平责任。

公平原则是民法的一项重要原则。公平原则的适用是在法律没有明文规定的情况下,根据一般的公平准则来弥补法律规定的不足。这既适用于合同责任,也适用于侵权责任。虽然,从事故的实际发生情况来说,可能发生一方责任小于另一方责任的情况,但由于事故现场并没有留下证据让交警及当事人举证一方存在过错,因此,司法机关在处理此类纠纷时,以公平责任分配双方当事人的责任,是较为合理的选择。

结合本案,虽然该事故两车驾驶员的责任无法认定,但胡某作为乘车人没有过错,胡某的死亡系双方驾驶员的行为造成,根据公平原则,法院认定事故驾驶员双方对因交通事故给两位原告造成的损失各承担50%的民事赔偿责任,并相互承担连带责任是正确的。

二、共同侵权应互负连带责任

共同侵权行为是指两个或两个以上的行为人,基于共同的故意或者过失,侵害他人人身和财产权利的行为。共同侵权行为人之间责任的承担,依据最高人民法院《关于审理人身损害赔偿案件适用法律若干问题的解释》第3条第1款的规定,二人以上共同故意或者共同过失致人损害,或者虽无共同故意、共同过失,但其侵害行为直接结合发生同一损害后果的,构成共同侵权,应当依照《民法通则》第130条规定承担连带责任。

公民的生命健康权受法律保护。当事人对于自己提出的诉讼请求所依据的事实,或者反驳对方诉讼请求所依据的事实,有责任提供证据加以证明。没有证据或者证据不足以证明当事人的事实主张的,由负有举证责任的当事人承担不利后果。本案中,胡某的死亡系双方驾驶员的行为直接结合造成的,双方驾驶员的行为对于损害结果的发生不能分割,均是损害发生的必要因素,构成共同侵权。

三、挂靠单位作为受益者应承担补充赔偿责任

挂靠是指由个人或者个人合伙出资购买车辆,但为了服从管理部门对营运车辆管理的要求,将车辆登记为某个具有运输经营权资质的单位名下,以单位的名义进行运营,从事运输经营的活动。对外而言,挂靠人是以被挂靠人的

名义从事经营活动;对内而言,被挂靠人向挂靠人提供的是一种资质等级,车辆的真正所有人实属挂靠人。

依据最高人民法院《关于适用〈中华人民共和国民事诉讼法〉若干问题的意见》第43条的规定,挂靠人与被挂靠单位在诉讼中应为共同诉讼人。依据最高人民法院《关于实际车主肇事后其挂靠单位应否承担责任的问题的复函》可知,被挂靠单位从挂靠车辆运营中取得利益的,应承担适当的民事责任。

结合本案,被告王一是半挂车的驾驶员和实际车主,被告某运输公司系该半挂车的登记车主和挂靠单位,并收取管理费,故王一应承担一半的民事赔偿责任,某运输公司对王一所应承担的这部分赔偿责任负有补充赔偿责任。

【法条链接】

道路交通安全法

第七十六条 机动车发生交通事故造成人身伤亡、财产损失的,由保险公司在机动车第三者责任强制保险责任限额范围内予以赔偿;不足的部分,按照下列规定承担赔偿责任:

(一)机动车之间发生交通事故的,由有过错的一方承担赔偿责任;双方都有过错的,按照各自过错的比例分担责任。

(二)机动车与非机动车驾驶人、行人之间发生交通事故,非机动车驾驶人、行人没有过错的,由机动车一方承担赔偿责任;有证据证明非机动车驾驶人、行人有过错的,根据过错程度适当减轻机动车一方的赔偿责任;机动车一方没有过错的,承担不超过百分之十的赔偿责任。

交通事故的损失是由非机动车驾驶人、行人故意碰撞机动车造成的,机动车一方不承担赔偿责任。

道路交通事故处理程序规定

第二十九条 因收集证据的需要,公安机关交通管理部门可以扣押与事故有关的物品,并开具扣押物品清单一式两份,一份交给被扣押物品的持有人,一份附卷。扣押的物品应当妥善保管。

扣押期限不得超过三十日,案情重大、复杂的,经本级公安机关负责人或者上一级公安机关交通管理部门负责人批准可以延长三十日;法律、法规另有规定的除外。

第三十七条 需要进行检验、鉴定的，公安机关交通管理部门应当自事故现场调查结束之日起三日内委托具备资格的鉴定机构进行检验、鉴定。尸体检验应当在死亡之日起三日内委托。

对现场调查结束之日起三日后需要检验、鉴定的，应当报经上一级公安机关交通管理部门批准。

对精神病的鉴定，应当由省级人民政府指定的医院进行。

第四十四条 检验、鉴定结论确定之日起五日内，公安机关交通管理部门应当通知当事人领取扣留的事故车辆、机动车行驶证以及扣押的物品。

对驾驶人逃逸的无主车辆或者经通知当事人三十日后仍不领取的车辆，经公告三个月仍不来接受处理的，对扣留的车辆依法处理。

【扩展阅读】

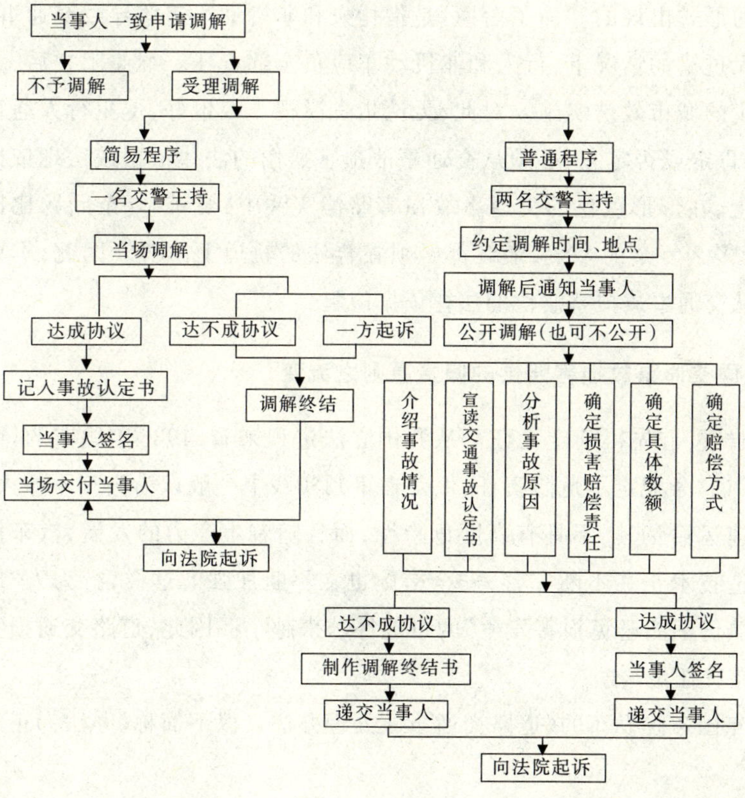

交通事故调解流程图

第三单元　恪守无过错责任原则

——交通事故损害赔偿疑难问题举隅

【精讲精析】

1999年，一个绝对算得上“中国制造”的热门词汇——“撞了白撞”，从沈阳席卷全国，激起了全民大讨论，质疑声不绝于耳。[①]这个词汇来者不善，是以地方性法规的形式出现的。“撞了白撞”是指行人和非机动车违章导致交通事故，在机动车无过错的情况下，行人和非机动车应负全部责任。继沈阳之后，竟然有为数不少的城市效仿实施。对此，无论指责漠视人权也好，侵犯行人通行权也罢，如若肯定或否定它，必须从交通事故损害赔偿的法律依据或法理依据入手。事实上，在形形色色的交通事故损害赔偿实践中，疑难、复杂问题比比皆是，但不管多么复杂的个案，最终都必须在合法的轨道上解决。因此，本单元的话题先从交通事故损害赔偿的法律依据谈起。

一、我国交通事故损害赔偿的归责原则之流变

主张赔偿，首先得确定责任。从我国立法进程来看，1986年颁布的《民法通则》中第123条规定了危险责任，但是在审判实践中一般认为汽车不像火车、飞机等高速运输工具，不具有高度危险性，而且随着生产力的发展，汽车设计和汽车制造技术正在不断完善，安全措施也在不断加强。这样，行为人“即使尽最大谨慎仍不能避免损害发生”的可能性越来越小。因此，道路交通损害赔偿适用过错责任足矣。

1991年国务院发布的《道路交通事故处理办法》（以下简称《办法》）正式确

①1999年，沈阳市率先出台了《行人与机动车道路交通事故处理办法》，其中规定：行人横穿马路不走人行横道线，与机动车发生交通事故，如果机动车无违章，行人负全部责任。此规定使“撞了白撞”首次以法规形式面世，在全国引起极大轰动和争议。

定处理交通事故以过错责任原则[①]为主,无过错责任原则为补充。这一归责原则尽管与《民法通则》有所不同,但是被行政执法及司法实践所遵循。而2004年5月1日起施行的《道路交通安全法》正式确定了无过错责任原则[②],基本上终结了处理交通事故过错与无过错责任原则的争论。但是应注意,这一规定是以机动车第三人责任强制险为前提的,从而确立了不同主体之间的责任承担在适用上不同的归责原则:保险公司在第三者强制责任保险责任范围内承担无过错责任;道路交通事故社会救助基金在特定情况下垫付受害人的损害赔偿,适用无过错责任;机动车之间的交通事故责任适用过错责任;机动车与非机动车驾驶人、行人之间的交通事故适用无过错责任或严格责任,但受害方有过错的,可以减轻机动车方的赔偿责任。

无过错原则的确立,意味着驾驶方对汽车危险责任、驾驶人高度注意义务、优者危险负担等思想的肯定,意味着交通事故损害赔偿当事人双方诉讼地位优劣的改变进而形成平衡局面,也意味着对司法实践、司法观念提出一系列的启发和挑战。

二、赔偿义务主体的确定

我国目前与交通事故损害赔偿有关的立法未对交通事故损害赔偿的责任主体做概括或界定,这可能是考虑到实践中的情况纷繁复杂,立法难以有效涵盖和统摄,因此,赔偿义务人的确认归权于人民法院依法适用。下面,仅就实践中出现的疑难情形予以分析。

(一)“好意同乘”情形下的损害赔偿主体

所谓好意同乘,即平常大家所说的搭顺车,司机或车主的出发点是好的,结果却往往招致官司,有的须承担经济赔偿,深刻体现了情理与法理之间的冲突。好意同乘原本发生在关系较好的亲朋友邻之间,一旦出事,往往造成关系破裂甚至反目成仇。在私家车普及化的今天,好意同乘已变成跟见面握手一

---

①过错责任原则,也叫过失责任原则,它是以行为人主观上的过错为承担民事责任的基本条件的认定责任的准则。按过错责任原则,行为人仅在有过错的情况下,才承担民事责任。没有过错,就不承担民事责任。

②无过错责任原则,是指没有过错造成他人损害的,依法律规定应由与造成损害原因有关的人承担民事责任的确认责任的准则。执行这一原则,主要不是根据行为人的过错,而是基于损害的客观存在,根据行为人的活动及所管理的人或物的危险性质与所造成损害后果的因果关系,而由法律规定的特别加重责任。

样稀松平常的事,所以发生交通事故引发赔偿的概率也大大提高了。因此,驾驶员朋友们非常有必要了解好意同乘的有关法律责任。我们认为,构成好意同乘需要符合三个条件[①]:

1.同乘行为须是无偿。好意同乘是车主的一种施惠行为,不向同乘者收取任何费用。如果同乘者向车主支付报酬,那么应该认为双方是一种合同关系。究竟何谓“有偿”,何谓“无偿”,必须看车主是否具有营利的目的。对于某些人出于朋友关系而请客吃饭,或者自愿承担部分路费油费,这些行为尽管看上去是同乘者支付了一定的费用,但仍应认为属于“好意同乘”的范畴。

2.车主不以同乘者为专门服务对象。车主为了实现自己的目的而行驶,同乘者基于某种便利而搭乘所有者的车辆,这是“好意同乘”同“专程运送”的区别所在。

3.同乘者须经车主同意。只有经过车主同意的同乘才能构成“好意同乘”。因为车主一经同意捎带同乘者,即负有将同乘者安全带至目的地的义务。如果途中因为车主的过错造成同乘者损失,车主应承担相应的民事责任。同乘者的同乘行为倘若未经车主同意,或未让车主知晓,则车主不对同乘者负有安全保障义务。

对于好意同乘导致乘车人发生的损害,究竟由谁来负责,现行法律并未做出明确规定。一般认为,在好意同乘情形下,车辆所有人作为民事赔偿主体,承担有限制的民事责任,即车辆所有人对好意无偿同乘者的损害应承担无过错责任。但是,需要对车辆所有人承担的民事赔偿责任进行限定,相应减少或者免除赔偿额。若好意同乘人明知司机已酗酒、无驾驶执照仍要求同乘,或者有教唆司机超速、搭载、搭乘禁止载客车辆等情况的,好意同乘人也是具有过失责任的,均可构成过失相抵的事由,从而可以减轻或者免除驾驶人或者车辆所有人的民事赔偿责任。其法律依据为最高人民法院《关于审理人身损害赔偿案件适用法律若干问题的解释》(以下简称《人身损害赔偿解释》)第2条的规定,受害人对同一损害的发生或者扩大有故意或过失的,依照《民法通则》第131条的规定,可以减轻或者免除赔偿义务人的赔偿责任。但侵权人因故意或者重大过失致人损害,受害人只有一般过失的,不减轻赔偿义务人的赔偿责任。在适用《民法通则》第106条第3款规定确立赔偿义务人的赔偿责任时,受害人有重大过失的,可以减轻赔偿义务人的赔偿责任。

①吴春岐:《新编交通事故纠纷处理法律依据与案例评析》,法律出版社2011年版,第95页。

（二）雇员从事雇佣活动中遭受交通事故的民事赔偿诉讼主体

雇员在从事雇佣活动中遭受交通事故的，雇主为民事赔偿主体。由雇主之外的第三人造成雇员人身损害的，可以选择雇主或者第三人作为民事赔偿主体。其法律依据是《人身损害赔偿解释》第11条的规定，即雇员在从事雇佣活动中遭受人身损害，雇主应当承担赔偿责任。雇佣关系以外的第三人造成雇员人身损害的，赔偿权利人可以请求第三人承担赔偿责任，也可以请求雇主承担赔偿责任。雇主承担赔偿责任后，可以向第三人追偿。

（三）雇员因执行职务发生交通事故的损害赔偿主体

雇员驾驶车辆在执行职务过程中发生交通事故致人损害的，其赔偿主体为雇主。雇主承担责任的法律依据是《人身损害赔偿解释》第9条第1款的规定，即雇员在从事雇佣活动中致人损害的，雇主应当承担赔偿责任；雇员因故意或者重大过失致人损害的，应当与雇主承担连带赔偿责任。雇主承担连带赔偿责任的，可以向雇员追偿。其理论依据在于，雇主作为车辆的运行支配者和利益归属者，符合“谁支配、谁受益、谁负责”的标准。因此，雇主应对雇员在执行职务过程中致人损害的行为承担责任。

（四）雇员非因实施职务行为发生交通事故的损害赔偿主体

雇员非因实施职务行为而驾驶雇主车辆，即通常所说的公车私用的情况，如果雇主已经同意雇员驾驶车辆从事非职务行为，雇主无疑要承担责任，即雇主为赔偿主体。但是，还可能存在雇员未经雇主许可而驾驶雇主车辆的情形，或者经过雇主许可驾驶但不是从事其职务范围内的事务时发生交通事故的情形。这种情况下，雇主和雇员之间是一种管理与被管理的内部关系，雇员擅自私用车辆是由于雇主对车辆的管理不严造成的，雇员利用职务之便使用车辆不能成为雇主对车辆失去支配的理由。根据《人身损害赔偿解释》第9条第2款的规定，雇员的行为超出授权范围，但其表现形式是履行职务或者与履行职务有内在联系的，应当认定为从事雇佣活动，无论雇主是否同意雇员使用车辆，只要雇员的行为符合其履行职务的形式或者与履行职务有内在联系，原则上仍然由雇主作为民事赔偿主体承担责任，雇主承担民事赔偿责任后，可以根据其与雇员之间的雇佣合同向雇员追偿。

（五）盗窃驾驶情形下的损害赔偿主体

驾驶盗窃车辆的情形下，肇事人为民事赔偿主体。根据最高人民法院《关于被盗机动车辆肇事后由谁承担损害赔偿责任问题的批复》（法释[1999]13号）中规定，肇事人应当依法承担损害赔偿责任，被盗机动车辆的所有人不承担损害赔偿责任。因为,驾驶盗窃车辆意味着犯罪分子的犯罪行为已经切断了车辆合法所有人或者持有人对车辆运行的支配,也切断了车辆运行利益的合法归属,使得交通事故单纯成为驾驶盗窃车辆者支配车辆运行的结果。因此,应由驾驶盗窃车辆者作为民事赔偿主体来承担相应的责任。这里值得注意的是,在车辆所有人对车辆管理有严重过失时,由于其没有履行好应尽的管理义务,具备了肇事车辆的供应者身份,此时应当承担部分责任,车辆所有人和驾驶盗窃车辆者都应该作为民事赔偿主体。

需要说明的是,这里所说的"肇事人"一般是盗窃机动车的驾驶人,但也有可能是盗窃机动车的人在窃得后让他人驾驶,在这种情况下该"肇事人"应如何承担责任?我们认为,在这种情况下发生交通事故,盗窃人应当是赔偿义务人,对于驾驶人而言,则看其在驾驶时是否明知该车辆为盗窃车辆,如果不知或不应当知道该车辆为盗窃车辆,那么该肇事者就不应当承担赔偿责任,如果驾驶人明知是盗窃车辆还驾驶的,则应当与盗窃者一起承担连带赔偿责任。

(六)车辆买卖中已交付但未过户情形下的事故损害赔偿主体

车辆买卖未过户情形下,交通事故中的实际车主为民事赔偿主体,原车主不是民事赔偿主体。最高人民法院于2001年12月在"关于连环购车未办理过户手续,原车主是否对机动车发生交通事故致人损害承担责任的请示"的复函中有答复,根据这一解释,未办理过户手续的原车主对出卖后的机动车辆发生的交通事故不再承担损害赔偿责任。其理由为:

1.车辆买卖过程中不进行登记过户,买卖双方违反的是行政管理法规,承担的是行政责任而不是民事责任,如果认为车辆未经登记过户,车辆所有权不发生转移是没有法律依据的。

2.法律没有明文规定车辆必须以登记过户作为交付要件,作为动产的车辆,将其转移占有即为交付,并在当事人之间发生所有权转移的法律效力。车辆所有权转移之后,原登记的车辆所有人已经丧失了对车辆的运行支配和运行收益,此时发生交通事故的,原登记的车辆所有人不应再承担损害赔偿责任。

必须指出的是,机动车买卖不过户的,原车主仍然要承担一定的风险。在发生交通事故后,原车主必须证明其已经将该车卖出,如果买入方想推卸责任,则原车主要证明车辆买卖的事实就比较困难。当买方发生交通事故逃逸时,公安机关及受害者通过登记可以找到原车主,若原车主在车辆买卖过程中存在过错,可能就要承担一定的赔偿责任。机动车作为一种危险性运输工具,必须要定期年检，缴纳交强险，而准确及时地确认机动车的实际所有人是机动车管理机关对机动车进行安全管理的前提，如果机动车经转卖后未做登记，机动车的安全管理在一定程度上就处于失控状态，加剧了车辆的危险性。因此，机动车买卖双方尤其是卖方，一定要重视办理机动车的过户手续。

（七）分期付款买卖情形下的事故损害赔偿主体

在机动车的分期付款买卖中，由于买受人在没有履行支付价款或者其他义务之前，机动车的所有权仍属于出卖人，此时公安机关登记的车主以及行驶证上记载的车主都是出卖人。实际上，这种情况下争议的焦点在于，如果买受人在为自己的利益驾驶机动车发生交通事故致人损害时，究竟是由买受人承担责任还是由出卖人与买受人承担连带赔偿责任的问题。我们认为，买受人分期付款购买的车辆从事运输，因交通事故造成他人损害的，诉讼主体应为购买人。此时，买受人虽不是机动车的登记所有人，但事实上车辆归其支配，出卖人（如机动车销售中心）虽获得买受人分期支付的价款，但这是销售机动车的正常收入，不能算作机动车利益的归属者。

（八）车辆出借情形下的事故损害赔偿主体

出借情形下损害赔偿主体的认定可分为两种情况：出借人在出借时存在过错，如明知借用人没有驾驶执照、酒后驾驶或借用人为限制民事行为能力的人而将车辆出借的，发生交通事故后，出借人应承担连带赔偿责任；出借人在出借车辆时没有过错，只是基于一种信任关系好心出借，这种情况下不应承担赔偿责任。

（九）车辆出租、发包情形下的事故损害赔偿主体

车辆出租、发包情形下损害赔偿的主体是出租方、承租方、发包方和承包方。车辆所有人以出租、发包的形式将自己对车辆的支配权交给他人，其收取一定的租赁费和承包费，仍然是运行利益的归属者，承租方、承包方发生交通事故，出租方和发包方也要同承租方和承包方一起承担损害赔偿责任。

（十）车辆挂靠情形下的事故损害赔偿主体

在我国，挂靠是一个普遍而特殊的社会现象，一般发生在运输领域，主要源于相关行政部门统一管理的要求，即机动车运营者应当将其车辆依附于某个单位，由该单位统一管理。由于我国对运输行业的资格有限制性规定，一些个体运输户往往需要通过挂靠企业来获取对外开展经营活动的许可。挂靠一般都收取一定的管理费用。

被挂靠人是否应当对交通事故损害承担赔偿责任，主要取决于挂靠是否

为有偿。在无偿挂靠的情形下，被挂靠人既不是运行支配者，也不是运行利益的归属者，故被挂靠人无须承担赔偿责任，仅由挂靠人作为民事赔偿主体承担责任。

在有偿挂靠情形下，被挂靠人收取管理费或得到其他经济利益。由于被挂靠人与挂靠人都是运行利益的归属者，挂靠人与被挂靠人应作为共同赔偿主体，对挂靠车辆发生的交通事故与挂靠人一起承担连带赔偿责任。即使挂靠人与被挂靠人在合同中约定被挂靠人对交通事故的后果不承担责任，这种免责条款也仅对合同双方当事人有约束力，不能对抗善意第三人。

（十一）车辆送交修理或保管期间的事故损害赔偿主体

车辆送交修理或保管期间因交通事故造成损失的，其赔偿主体应为修理人或保管人。机动车送交修理期间，依车辆所有人的意思，车辆已停止运行，并脱离车辆所有人的实际控制和支配，修理厂则依合同取得了对车辆的控制支配权。修理厂在试车或者车辆运行过程中发生交通事故造成他人损害的，修理厂应当作为民事赔偿主体承担责任。在修理厂保管机动车过程中，修理厂的工作人员或其他人驾驶车辆发生事故的，修理厂也应承担损害赔偿责任。同样，在委托保管的情形下，车辆所有人失去了对车辆的实际控制和支配，不取得运行利益，而保管人成为实际支配者，那么在车辆交付保管期间发生交通事故的，保管人应当承担赔偿责任。

（十二）车辆被质押情形下的事故损害赔偿主体

所谓质押，是指债权人在债务人不清偿其债务时，就债务人或第三人转移占有而供担保的动产卖得价金优先受偿。机动车作为质押的标的物被质押后，机动车转移给质权人占有，机动车所有人丧失了对车辆的占有、支配，不再是运行支配者和运行利益的归属者，因此在此间发生交通事故，机动车的所有人不是责任主体。质权人在此期间占有、支配该机动车，应该成为责任主体，故应由质押权人而不是所有人承担赔偿责任。

（十三）出卖已过期限的报废车辆及出借、出卖车牌发生交通事故的损害赔偿主体

出卖已过期限的报废车辆及出借、出卖车牌，均为法律禁止性行为，此情形下发生交通事故的，出卖人和出借人也应承担损害赔偿责任。

（十四）因机动车质量问题发生交通事故的损害赔偿主体

制假贩假已经成为当今社会的毒瘤，汽车生产、销售领域也概莫能外。因此，有必要引起普通消费者的足够重视。好在这类纠纷的处理于法有据，《民

法通则》第122条规定，因产品质量不合格造成他人财产、人身损害的，产品制造者、销售者应当依法承担民事责任。《消费者权益保护法》第35条第2款规定，消费者或者其他受害人因商品缺陷造成人身、财产损害的，可以向销售者要求损害赔偿，也可以向生产者要求赔偿。属于生产者责任的，销售者赔偿后，有权向生产者追偿。属于销售者责任的，生产者赔偿后，有权向销售者追偿。由此可见，如果事故是因为汽车质量原因造成的，该事故的赔偿责任应由车辆的销售者和生产者承担。

三、交通事故精神损害赔偿问题

当事人的精神受到损害，是否可以用金钱予以慰抚？在大量的道路交通事故赔偿案件中，许多当事人及其亲属缺乏相关法律知识，要么不知道可以提出精神损害赔偿或者认为即使提出精神损害赔偿也难以实现，所以不提出相关诉求，不免令人遗憾；要么就是提出巨额精神损害赔偿，不仅浪费了大量的诉讼费用，而且所获甚少，其结果是赢了官司赔了钱。为了防止再度出现这种极端的案例，当事人有必要事先了解相关法律规定。

在现今社会，精神权利越来越受到重视已是个不争的事实，人们更加偏重于对精神权益损害的保护，这是充分保护人的主体性权利的需要。精神损害是指自然人因其人身权受到侵害而遭受的心理上的损害。也就是说，因公民的人格权或身份权遭受侵害而使其产生愤怒、绝望、恐惧、焦虑、不安等不良情绪导致的损害。一般来说，精神损害具有非财产性、存在的独立性、单一性等特点。当然，精神损害也不排除由于侵犯财产权而引起，如行政机关非法拆除相对人的建筑，致使受害人气愤、痛苦。精神损害赔偿对于侵权行为人而言具有惩罚性，对于受害人而言则具有填补性和抚慰性，本质上是通过金钱赔偿使受害人在精神上、心理上得到安慰。

在交通事故人身损害赔偿案件中，如何确定精神损害赔偿，是一个十分复杂的问题，需要平衡各方利益。为此，必须首先明确精神损害赔偿的法律依据。我国民事赔偿中已逐步肯定精神赔偿责任，尽管目前的赔偿范围是有限的。遗憾的是，我国现行的《国家赔偿法》中没有规定精神损害赔偿，确立道路交通事故精神损害赔偿的主要依据是最高人民法院的两个司法解释。

第一个司法解释是2001年3月8日最高人民法院发布的《关于确定民事侵权精神损害赔偿责任若干问题的解释》（简称《精神损害赔偿解释》），其中规定自然人因人格权利遭受非法侵害，向人民法院起诉请求赔偿精神损害的，人民法院应当依法予以受理,人格权包括:生命权、健康权、身体权;姓名权、肖像权、名誉权、荣誉权;人格尊严权、人身自由权。因侵权致人精神损害造成严重后果的,人民法院除了判令侵权人承担停止侵害、恢复名誉、消除影响、赔礼道歉等民事责任之外,还可以根据受害人一方的请求判令其赔偿相应的精神损害抚慰金。这一司法解释明确了民事侵权精神损害赔偿的适用范围,解决了关于人身损害是否可以请求精神损害赔偿的争议,是处理精神损害赔偿案件的主要法律依据。

第二个司法解释即2004年5月1日起实施的《人身损害赔偿解释》,其中规定因生命、健康、身体遭受侵害,赔偿权利人起诉请求赔偿义务人赔偿财产损失和精神损害的,人民法院应予受理;在道路交通事故发生后,受害人伤残或者死亡的,都将会给受害人本人及其近亲属带来很大的精神痛苦,受害人或者死者近亲属遭受精神损害,赔偿权利人向人民法院请求赔偿精神损害抚慰金的,适用《精神损害赔偿解释》予以确定。

新颁布的《侵权责任法》以民事基本法的形式确认了精神损害赔偿的法律地位,明确赋予遭受严重精神损害的受害人以精神损害赔偿请求权。精神损害不同于财产损害,无法适用等价赔偿的原则来衡量。精神损害赔偿数额的确定主要考虑以下因素:(1)侵权人的过错程度,法律另有规定的除外;(2)侵害的手段、场合、行为方式等具体情节;(3)侵权行为所造成的后果;(4)侵权人的获利情况;(5)侵权人承担责任的经济能力;(6)受诉法院所在地平均生活水平。法律、行政法规对残疾赔偿金、死亡赔偿金等有明确规定的,适用法律、行政法规的规定。

值得注意的是,在《人身损害赔偿解释》中,将受害人因交通事故而受伤致残或者死亡而得到的残疾赔偿金、死亡赔偿金界定为对财产损失的赔偿,即受害人因丧失全部或者部分劳动能力、死亡而导致收入减少的财产赔偿。这与以前的法律和司法解释将残疾赔偿金、死亡赔偿金定性为精神抚慰金不同。而根据《精神损害赔偿解释》,残疾赔偿金和死亡赔偿金都是精神损害抚慰金的形式,两者存在不一致之处。根据《人身损害赔偿解释》第36条第2款的规定,在本解释公布施行之前已生效施行的司法解释,其内容与本解释不一致的,以本解释为准。因此,2004年5月1日之后,受害人或者死者近亲属遭受精神损害,赔偿权利人向人民法院请求赔偿精神损害抚慰金的,不再适用《精神损害赔偿解释》第9条的规定,即不能因为赔偿义务人赔偿了残疾赔偿金和死亡赔偿金,赔偿权利人就不能再要求精神损害抚慰金。下面探讨几种特殊情形下精神损害赔偿的确定。

(一)交通事故导致胎儿死亡,孕妇可否请求精神损害赔偿?

从司法实践来看,交通事故导致胎儿死亡的情况下,法院一般都是判决支持孕妇的精神损害赔偿诉求。因为,侵权行为造成胎儿流产,侵害了胎儿的准父母所享有的保护胎儿正常发育和出生的权利,使其在精神上遭受极大的痛苦,对其心灵造成的创伤是长久而难以愈合的,应得到充分的司法救济。《民法通则》《精神损害赔偿解释》等有关法律规定,对于精神损害赔偿的问题做出了具体的规定和解释,但对于胎儿的精神损害赔偿问题并没有涉及。

《精神损害赔偿解释》第1条明确规定,自然人因下列人格权利遭受非法侵害,向人民法院起诉请求赔偿精神损害的,人民法院应当依法予以受理:生命权、健康权、身体权;姓名权、肖像权、名誉权、荣誉权;人格尊严权、人身自由权。违反社会公共利益、社会公德侵害他人隐私或者其他人格利益,受害人以侵权为由向人民法院起诉请求赔偿精神损害的,人民法院应当依法予以受理。

现代生活意外事故频发,人在出生前遭受到不法侵害的可能性也大大增加,那么胎儿是否能够或者说应当享有精神损害赔偿的请求权呢?对此,理论界和实务界都存在多种看法,争议的焦点主要是根据我国传统的民法观念,存在着一个固有的困境,按照我国的法律规定,胎儿本身并没有民事权利能力,尚不享有进行民事活动、享受权利和承担责任的资格,这也就意味着其缺乏进行精神损害赔偿请求的主体权利。大部分国家对于胎儿的精神损害赔偿问题都持否定态度。例如德国,在50年代发生了几个比较有争议的案例后,引起了实务界和理论界的重视,按照传统理论,德国联邦法院认为侵权行为的成立必须是行为人对具有民事权利能力的民事主体所实施的不法行为,因此,对于胎儿的损害在当时被认为是对母体的侵害。[①]

(二)被害人死亡,精神损害赔偿请求权可否继承?

精神损害是对受害人本人及其近亲属造成的精神痛苦所做的弥补,精神损害赔偿请求权具有专属性,一般不得继承和转让。《人身损害赔偿解释》第18条规定,精神损害抚慰金的请求权,不得让与或者继承。这里的近亲属是指法律规定范围内的近亲属,主要为死者的配偶、父母、子女、兄弟姐妹、祖父母、外祖父母、孙子女、外孙子女等。

精神损害赔偿请求权之所以不能转让或继承,是因为:其一,精神痛苦因

①详见杨鹏:《孕妇在交通事故中的精神损害赔偿》,http://www.110.com/ziliao/article-245965.html

被害人的人身权受到侵害而引起,不具备特定身份关系的人无法体验;其二,精神痛苦的有无为主观感受,因被害人及其近亲属的感受不同而不同;其三,精神痛苦依附于被害人的身体而存在,随被害人的死亡而消逝。[①]

在特定情形下,对于赔偿义务人已经以书面方式承诺给予金钱赔偿,或者赔偿权利人已经向人民法院起诉的,精神损害抚慰金请求权可以让与、继承。

【典型案例】

途中换驾致人死亡,雇主责任如何认定?[②]

2012年3月2日上午,广西壮族自治区某人民法院对一起因雇员驾驶途中换驾后发生交通事故,导致车上人员死亡的案件进行了一审宣判,判决由雇主黄某赔偿死者亲属各项损失共计216326.87元,雇员王某与换驾肇事司机黄某某负连带责任。

黄某系肇事车辆的实际车主,该车未办理车辆登记手续。黄某雇佣王某为其雇员,从事货运生意。经韦某与被告王某协商,王某同意用车辆到那桃乡平林村为其拉蔗种,后黄某某也因需要2吨蔗种而同行。2011年3月20日上午,被告王某驾驶无号牌大型货车搭载黄某某、韦某等人,由巴马县所略乡往巴马县百林乡方向行驶。行驶途中,黄某某曾两次提出由其驾驶该车,均被王某拒绝。当日11时,该车行至所略乡所圩弄么顶时,黄某某要求停车,王某停车后让座由黄某某驾驶。黄某某驾驶车辆行驶几百米后,车辆失控驶出右侧外翻车,造成韦某及车上其他人员等4人全部受伤,韦某受伤当日到巴马县人民医院治疗,次日转到某医学院住院治疗共计36天,开支医药费共计53922.42元。出院后,韦某由于未得到有效救治而死亡。事后,交警大队出具道路交通事故认定书认定黄某某承担事故的全部责任。被告黄某某自2002年起持有B2驾驶证,其个人长期驾驶小型面包车,偶尔驾驶货车。死者家属由于与被告协商赔偿事宜无果,随即将雇主、雇员及换驾的肇事司机共同诉至法院。

本案结果:法院判决认为被告王某作为雇员及车辆的管理人,未经雇主同

---

①吴春岐:《新编交通事故纠纷处理法律依据与案例评析》,法律出版社2011年版,第164页。

②详见覃江萍:《雇员驾驶途中换驾 致人死亡雇主赔偿》,http://www.chinacourt.org/article/detail/2012/03/id/474074.shtml

意将车辆交由缺乏驾驶技术的黄某某驾驶，导致事故的发生，应认定为其在雇佣活动中存在重大过失，应与雇主黄某承担连带赔偿责任。由于肇事车辆安全性能在事发前状态良好，被告黄某某换驾几百米后致车辆失控发生事故，事故原因是其缺乏安全驾驶技术造成，应认定黄某某对事故发生也存在重大过失，其作为帮工人，依照上述司法解释之规定，应与被帮工人王某、被告黄某共同承担连带责任，故做出上述判决。

【以案说法】

不可忽视交通侵权行为中的被害人过失

《中华人民共和国侵权责任法》第35条规定："个人之间形成劳务关系，提供劳务一方因劳务造成他人损害的，由接受劳务一方承担侵权责任。"最高人民法院《关于审理人身损害赔偿案件适用法律若干问题的解释》第13条规定："为他人无偿提供劳务的帮工人，在从事帮工活动中致人损害的，被帮工人应当承担赔偿责任。被帮工人明确拒绝帮工的，不承担赔偿责任。帮工人存在故意或者重大过失，赔偿权利人请求帮工人与被帮工人承担连带责任的，人民法院应予支持。"

本案中，被告黄某某驾驶肇事车辆的行为应定性为帮工关系，理由在于黄某某驾驶车辆是无偿的。同时，其开车去拉甘蔗是王某作为黄某的雇员在从事雇佣活动，黄某某在驾驶途中的换驾行为是帮王某开车。根据上述法律及司法解释之规定，对黄某某驾驶车辆发生事故造成韦某死亡的后果，应由雇主黄某承担赔偿责任，但受害人韦某作为完全民事行为能力人，在车辆超载运行的情况下完全可以拒乘，并且在搭乘时未依法系安全带，对本案事故所造成的损害后果依法应自行承担10%的责任，故可适当减轻被告黄某10%的赔偿责任，由其承担90%的赔偿责任。

【法条链接】

侵权责任法

第十六条 侵害他人造成人身损害的，应当赔偿医疗费、护理费、交通费等为治疗和康复支出的合理费用，以及因误工减少的收入。造成残疾的，还应当赔偿残疾生活辅助具费和残疾赔偿金。造成死亡的，还应当赔偿丧葬费和死亡赔偿金。

第十七条 因同一侵权行为造成多人死亡的，可以以相同数额确定死亡赔偿金。

第十八条 被侵权人死亡的，其近亲属有权请求侵权人承担侵权责任。被侵权人为单位，该单位分立、合并的，承继权利的单位有权请求侵权人承担侵权责任。

被侵权人死亡的，支付被侵权人医疗费、丧葬费等合理费用的人有权请求侵权人赔偿费用，但侵权人已支付该费用的除外。

最高人民法院《关于确定民事侵权精神损害赔偿责任若干问题的解释》

第十条 精神损害的赔偿数额根据以下因素确定：

(一)侵权人的过错程度，法律另有规定的除外；

(二)侵害的手段、场合、行为方式等具体情节；

(三)侵权行为所造成的后果；

(四)侵权人的获利情况；

(五)侵权人承担责任的经济能力；

(六)受诉法院所在地平均生活水平。

法律、行政法规对残疾赔偿金、死亡赔偿金等有明确规定的，适用法律、行政法规的规定。

【扩展阅读】

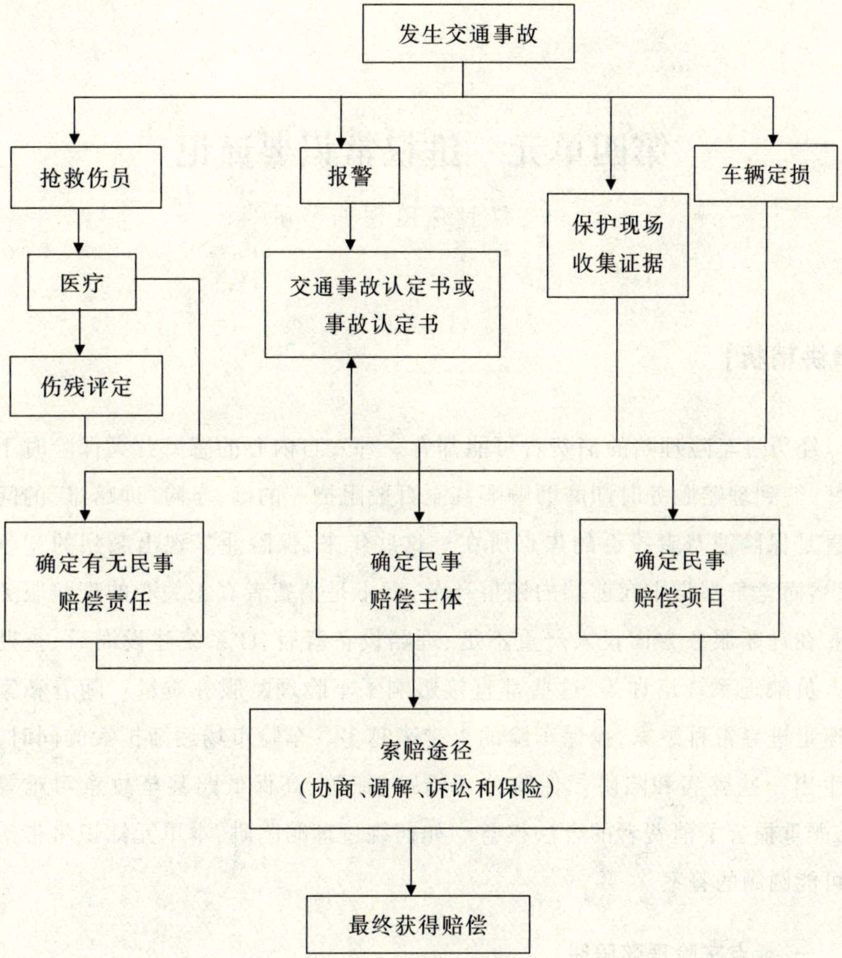

交通事故索赔流程图

第四单元　维权常识要谨记

——绕过保险理赔陷阱

【精讲精析】

经历过车险理赔的消费者可能都有一种发自内心的感慨:“买保险时千好万好,待到理赔服务时却磨磨唧唧甚至百般阻挠。”的确,车险“理赔难”的问题一直是保险消费者投诉的焦点所在。这些年来,保险业呈现出激烈的竞争态势,然而竞争都集中在前端的销售环节,而不是消费者真正关心的理赔服务环节。在理赔服务方面投入严重不足、理赔设备落后、IT系统建设滞后、查勘理赔人员缺乏系统培训等,这些都直接影响了车险理赔服务质量。随着私家车迅速走进寻常百姓家,投保车险的人越来越多。车险市场逐渐扩大的同时,也滋生出一些弊病和陷阱。保险公司惜赔、拖赔、高保低赔甚至故意刁难等行为,严重损害了消费者的合法权益。如何绕过理赔陷阱,本单元知识将带给您尽可能圆满的答案。

一、盘点车险理赔陷阱

(一)力推“全险”概念

据了解,现在很多保险公司为了“放大”自己公司车险险种,往往将车险中不重要的方面给予全额保障,也就是所谓的“全额保险”。如果当事人是第一次入车险,就很容易被保险公司“忽悠”进去。

(二)“多保多赔”钓人

一些车险代理者在代理推销车险业务时,往往会抛出“保得多就会赔得多”的诱饵,来误导车险投保者,保险代理者从中赚取到更多的“昧心”代理费。

(三)“搭配”销售获利

一些保险公司为了让自己公司获取更大利益,本来可以单独出售的车险,却有意把某些险种捆绑起来,并稍微对该捆绑保险的价格优惠一些,让客户动心。这样一来，投保人为一些捆绑销售中根本不需要买的某个车险险种付出了代价。其实，在车险种类中，只有属于交管部门强制性要求的“第三者责任险”是车主必须买的之外，车损险和防盗险等险种都是可供选择的险种。

（四）私拿专职代理保费

在保险公司的保险代理人队伍中，也并不是每一个人都会很守“规矩”的，有一些“违法”者，他们在拿到车险投保人的保单后，将该投保人的保单扣留在自己的手中，以“伺机而动”。车险投保者的保单一旦被这些“违法”者扣留，保险人的保费就会出现“意外”，车险投保人的保费也就出现了无法及时、顺畅、安全地到达保险公司的情况。

（五）维修项目避重就轻

车主到保险公司指定的维修站进行查勘定损时，如果车主对自己的车受伤程度观察不仔细，保险公司定损员很有可能会少报一些维修项目，拉低赔偿金。比如有个案例，奔驰车的两个后排气管发生异响就没有出现在保险公司的定损单上，因而产生了保险公司以修理项目、金额不一致而拒绝赔偿的麻烦。所以，车主在保险公司定损之前要仔细检查一下车子的受损部位，以免被保险公司故意忽略。

（六）热心承诺骗取签字

车辆出险后，如果保户对定损金额很不满意，定损员通常会给保户承诺：如果你觉得定损金额不足以修好车，那修理店可以给你拆检，到时候维修费修到多少就赔多少。心软的保户很有可能就毫不犹豫地在定损单上签上大名了。通常情况是，在保险公司推荐的汽修店里，修理工和保险公司的人都是有关系的。车子在该维修店里拆开，保户想反悔已经晚了，修理工会告诉你拆检后车没多大毛病，本来要换的配件，为了省钱很有可能就随便修修了事。面对这种情况，车主要拒绝在定损单上签字，并且坚决要求到本品牌的4S店去维修。

（七）汽配城买配件4S店修

即使定损点为4S店，保户也不能掉以轻心。如果定损4S店主修的不是出险车辆的品牌，当然也不会储备这辆出险车辆的零配件，通常情况下是去采购一些非原厂生产的便宜配件给保户的车辆装上。所以，消费者应该尽量在本品牌的4S店里购买保险，出险后就在该4S店维修，这样至少可以保障配件为正规厂家的配件。

(八)维修店给保户"赔偿金"

保险公司为了让车主到他们推荐的维修店去维修,使用的另一大"诱惑"就是给"回扣"。举例来说,如果出险车辆正常的定损金额为1万元,为了省钱,保险公司会推荐保户到指定的维修店去维修,使用价格便宜的零配件,因此定损金额可以降到5000元。为了让保户心甘情愿到推荐的维修店修车,保险公司和维修点双方会商量给保户2000元的赔偿金作为诱饵,收了2000元的"损失费",以后爱车如果因维修质量的隐患再出现问题,保户也只能忍气吞声了。保险公司不仅省了几千元,同时也不会有官司缠身的麻烦,何乐而不为。

(九)定点维修,代为理赔

一些保险公司在人员不足的情况下,为了业务的持续拓展,会授权一部分4S店、修理厂代其查勘现场,做拍照、取证、定损的工作,同时也可为其减少保险理赔程序,方便车主理赔。但是,由于自己定损自己修,不排除有维修厂在定损时为了牟取私利而扩大事故情况、虚报车辆损失,使得定损费用高于真实的车辆维修费用,这样维修厂就可以从中赚取高额的差价。对于车主来说,不规范的"代理赔"虽然可以节省理赔时间,但也存在一定风险,如果保险公司审核严格,要求其提供现场证明,而对于当时未做任何善后事宜的消费者来说,赔款很可能会泡汤。

(十)网销、电销车险暗藏"猫腻"

在保险公司电话车险、网销车险的火热促销中,越来越多的车主开始使用这些新渠道购买车险。不过车主一定要警惕,通过电话、网络渠道购买车险,尽量通过官方渠道,不要一味贪图保费便宜,稍不留神就会掉入陷阱,影响车辆保险理赔的正常进行。电话车险、网销车险的诱人之处在于报价超低,甚至是低得离谱。须知,天下是没有免费的午餐的,商家经营的首要目标就是赚钱。理赔实践一再证明,那些超低价的保险报价,大多数会在保险合同里做文章。譬如,有的保险公司销售人员常利用信息不对称,在车主毫不知情的情况下,在车险合同中加入如"指定驾驶员""指定行驶区域"等特约条款,以达到变相降低保险费的效果。上述条款的含义分别是指车主在投保车险时可指定1名或2名驾驶员,并获得相应的费率优惠;车主和保险公司约定保险车辆的行驶区域,获得相应的费率优惠。假如指定的驾驶员是张三,指定的行驶区域是兰州市区,那么一旦发生事故,只有在张三亲自驾驶车辆,且在兰州市区内发生的保险事故,保险公司才会按照100%损失金额给予赔付。如果张三将车辆转借别人,或在兰州市区外发生事故,那么张三将会自行承担一部分事故损失。至于网销保险同样由于省去了代理人等中间交易环节,大幅降低了保险公司的成本,因此上网投保的费用较普通代理人渠道更为便宜。但在网购过程中,投保人一定要擦亮眼睛,避免通过非官方认定的网络渠道购买保险,以免落入钓鱼网站的陷阱;避免单纯求便宜而通过保险代理人的个人网络渠道购买保险,以免遭遇销售误导。

(十一)一人多职,暗处牟利

近几年,很多车险投保人在进行车辆投保时发现,为自己办理保险的人员身兼多职,他们既负责拉拢客户,又扮演着定损员的角色。他们活跃在车市,看到有人买车后,会及时出手,跟车主搭讪,假借保险公司的名义,为车主"代办汽车保险",他们不但有保单,同时也有发票,但这些保单和发票都是假的,如果不是专业人士则很难辨别。

(十二)"障眼法":20%的免赔率

车主购置新车后,都会投上盗抢险。一般是按车价来定保额,但并不是车价值多少就可以赔付到多少。如果在投保时,保险代理人告诉你,你新车价值20万元,你可以赔到20万元,其实那是保险公司的障眼法,一般车主大多都会按这个保额上保,还以为丢了也能赔到20万元。实际上,保险公司对于盗抢险有20%的免赔率,也就是说一旦发生盗抢,保险公司只承担80%的损失,车主尚需自己承担20%的责任。

(十三)车损保额高于盗抢保额

根据大多数保险公司的规定:新车第一年一般车损保额与盗抢保额相同。第二年开始,车损保额不得低于盗抢险保额,也就是说,如果盗抢险上了20万元,车损保额至少也得20万元。车主只想上5万元的车损险,保险公司是不会同意的。这里要告诉车主的是,20万元的车损险,仅指车子在修复时能得到的最高理赔,而不是被盗后能拿到的。可以算个账,如果你的车价是20万元,车损险也是20万元,但达到这样的费用的概率为零,除非你一年内不断地反复修车,按照每次损坏平均3000元的车损理赔,那么你得弄坏多少次?因此,车主在投保时,要根据自己车辆的情况来定保额,不要多花冤枉钱。

(十四)资料不全别想全赔

车主投了盗抢险并不等于万事大吉了。保险公司的合同会有个《附加全车盗抢险条款》,其中有规定,保险车辆被盗窃,被保险人在索赔时未能提供机动车行驶证、购车原始发票、车辆购置附加税(费)凭证,每缺少一项,增加3%免赔率,每缺少一把车钥匙增加5%的免赔率。也就是说,车主的车子一旦发生盗抢，就算没有投盗抢险的不计免赔，最低也能拿到80%的赔付款。实际上则不然，按照规定，如果在理赔时车主提供不出发票、车辆购置附加税（费）凭证，甚至缺少一把车钥匙，保险公司都会增加免赔率，算下来车主能拿到车款的60%就很不错了。而往往车主出现这种情况的概率很高，毕竟按照交通法相关规定，车辆证件要随车同行，不少车主往往将行驶证等这些证件就放在车上以备交警检查。一旦车子被盗，小偷不会好心把这些东西留给你。因此，建议车主将车辆的发票、购置附加税（费）凭证等所有凭证的复印件放在车上备查，原件留在家里不要随身携带。

针对车险条款中可能存在的上述种种“陷阱”，我们提醒广大车主，在投保时，一定要仔细阅读保险条款，尤其是对其中涉及免赔的条款多加注意。对于有些术语在弄不清楚的情况下，一定要让保险公司做出明确解释。具体而言，车主投保时应注意以下几个方面：其一是选择服务口碑好的保险公司投保；其二是认真阅读保险条款，尤其是要仔细核对自己所投保的项目是否已经包括自己所希望承保的风险；其三是了解一些常见的免赔责任，以在日常驾驶过程中注意规避这些情况。

二、不可不知的车险理赔禁区

购车上险，天经地义。但是在眼花缭乱的车险套餐前，消费者可能更多关注的是投保时的价格折扣，或是朋友的评判推荐。对于车险，消费者们往往“选择多、懂得少”，因此多了解车险，绝对是消费者购买保险时的有力保障！许多车主从4S店提车那一刻就给自己的新车上了“全险”。所谓“全险”，字面意义很容易让人误以为“包赔一切”。事实上，“全险”通常只包括车损险、第三者责任险、盗抢险、玻璃险、划痕险、车上人员险及不计免赔等几个险种。更让车主们容易忽略的是，即便投保了上述主险、附加险，在某些情况下，车主依然需要自己埋单，也由此造成了许多车主与保险公司闹起纠纷的案件。因此，笔者将详细列举车主容易忽略的理赔禁区。

（一）违反交通法律法规的不赔

酒后驾车或飙车、无照驾驶以及行驶证、驾照未年检的，保险公司不予理赔。因为在这些情形中，司机严重违反交通相关法律法规，并不具备上路行驶的资格。此外，驾驶员在与准驾车型不符、实习期上高速等情形下，保险公司也会拒绝赔付。

（二）地震不赔

遇到地震的情况时，保险公司不进行赔偿，这遵循了大部分财产保险都不保地震责任险的惯例，由于缺少数据和经验，保险监管部门也不鼓励保险公司承保。

（三）精神损失不赔

对于精神损失不予赔偿，在大部分保险条款中会有类似的规定，“因保险事故引起的任何有关精神赔偿视为责任免除”。

（四）撞到自家的人不赔

所谓第一者、第二者，是指保险人、被保险人（驾驶员视同于被保险人），除去这些人以外的其他人，都被视为第三者。在保险条款中，被保险人或驾驶员的家庭成员被排除在“第三者”的范畴之外。所以，如果车辆撞到自家人，保险公司视为免责。同理，被同一单位名下的车辆碰撞也不能通过第三者责任险得到赔偿。

（五）车灯或者倒车镜单独破损的不赔

该条免责条款的制定是为了对付某些修理厂的骗保行为的。某些修理厂常常将换下来的破损车灯或者倒车镜，装到车型相同的其他车上来骗取赔款。另外，因为这一免责条款，不少车主即使是无心的剐蹭也将得不到赔偿。

（六）对方全责而投保人不追偿或事后私了的不赔

如果车主与其他车辆发生碰撞，且责任在对方，不能因为赶时间、嫌麻烦或者其他什么原因放弃向对方要求赔偿的权利。车主一旦放弃了向第三方追偿的权利，也就放弃了向保险公司要求赔偿的权利。

（七）发动机进水后导致发动机损坏的不赔

车辆行驶到水深处导致发动机熄火后，驾驶员强行打火造成发动机损坏的，保险公司不会进行赔偿，因为损失是由于驾驶员操作不当造成的。

（八）车辆修理期间造成的损失不赔

如果车辆在送修期间发生了任何碰撞、被盗等损失，保险公司都会拒赔，因为修理厂有责任妥善保管维修车辆。

（九）拖着没保险的车出事故的不赔

如果因为车主开车拖带一辆没有投保第三者责任险的车辆上路，与其他车辆相撞并负全责的，保险公司不会对此做任何赔偿。

（十）私自加装的设备受损的不赔

不少车主会在买车后自己加装音响、电台、冰箱、尾翼或者行李架等等，一旦发生事故造成私自加装设备受到损失的,保险公司也不会对此进行赔偿。车主需要为自己加装的设备单独投保。

(十一)被车上物品撞坏不赔

如果车辆被车厢内或车顶装载的物品撞击而造成的损失,保险公司不负责赔偿。

(十二)未及时报案或擅自对车辆进行修复的不赔

由于未及时报案,导致保险公司对事故的保险责任或损失无法认定,根据保险合同,保险人有权对此次事故的损失拒绝赔偿。而未经保险公司核损,擅自对车辆进行修复,保险公司也会拒赔。

(十三)车辆零部件被盗的不赔

如果车辆只是零部件(如轮胎、音响设备等)被盗走,车主只能自担损失。此外,如果汽车被盗抢过程中,车身留下了盗抢痕迹,尽管汽车并未被盗走,但对于车身因盗抢而造成的损失,如车门被撬等现象,也不属于盗抢险的理赔范围。

(十四)爆胎不赔

未发生车辆其他部位的损坏,只是车轮单独损坏的情况下,保险公司不赔。当然,由于轮胎爆裂而引起的碰撞、翻车等事故,造成车辆其他部位损失的,保险公司要负责赔偿,但轮胎损失费用仍不做赔付。建议夏天的轮胎充气不要充得太足,热胀冷缩的作用会导致轮胎气压加大,快速行驶时可能造成爆胎甚至导致重大事故发生。

(十五)超载、无牌照车出险不赔

对于超载或者没有上牌的车辆出险,保险公司都会将其拒之门外。一旦发生事故且与超载有关,保险公司可以超载为由拒赔。而对无证驾驶或驾驶证有效期已届满的,保险公司也拒赔,原因很简单,所投保险还未生效。

(十六)玻璃单独破碎的不赔

一些保险用户会习惯性地认为玻璃单独破碎属于车辆损失险范围,在没有投保玻璃单独破碎附加险时向保险公司提出索赔,保险公司对于这种情况是不予赔偿的。如果车主觉得汽车经常路过建筑工地,可能被跌落的石块砸坏车玻璃,就可以投保玻璃单独破碎险,将事故损失转嫁给保险公司。

(十七)收费停车场中被盗、被损的不赔

即使上了车险全险,如果在收费停车场中丢车,保险公司将不予赔偿。因为按照保险公司的规定,凡是车辆在收费停车场或营业性修理厂中被盗,保险公司一概不负责赔偿,消费者应该找停车场去索赔。因此,驾驶人一定要注意每次停车时收好停车费收据。

(十八)肇事车主在遭遇事故后逃逸的不赔

肇事车主在遭遇事故后逃逸,保险公司不赔偿,这是因为逃逸的肇事车主违反交通事故处理程序,企图逃避理应承担的事故责任,对此保险公司完全有理由不做理赔。其实这条免责条款是告诫肇事车主一定要协助交警部门进行事故举证,便于维护车主理赔的正当权益。

(十九)"车险真空期内"出险的不赔

有些车主由于工作繁忙,未能按时续缴保费,如果汽车在这段"车险真空期内"出险,保险公司就无能为力了。由于原保险合同终止,保险公司则无法承担理赔责任,因此车主应及时续保车险,使保障理赔权益不受损失。

(二十)临时牌照过期出险的不赔

车辆在发生事故时,保险车辆无公安机关交通管理部门核发的有效行驶证、号牌或者临时号牌、移动证(汽车出厂后从厂家运输到销售店过程中的证明)过期的,保险公司不负赔偿责任。因此,新购车辆后,第一要务是及时上牌,否则可能招致难以弥补的损失。

当我们拿到保险单的时候,第一件事就是将合同仔细看一遍,明白自己的行为还要受到哪些限制,免得出了事故无法赔付,后悔莫及。

三、有必要说说交强险

我们习惯上简称的"交强险",即机动车交通事故责任强制保险,是配合《道路交通安全法》的实行而推出的针对机动车的车辆险种,《机动车交通事故责任强制保险条例》(以下简称《条例》)于2006年7月1日正式施行。交强险是我国第一个由国家法律规定实行的强制保险制度,它的及时实施不仅有力保护了受害者的生命和经济利益,也使机动车保险险种体系更加完整,同时推动了我国社会的和谐发展。但从现实情况来看,交强险的实施过程并非一帆风顺,对于一些难题,解决起来并不像预期的那么简单。

(一)机动车无责赔付备受诟病

交强险的有关实施细则规定,被保险机动车在道路交通事故中无责任的财产损失赔偿限额为400元人民币,但未具体规定这里的财产损失是专指机动车对非机动车驾驶人、行人造成的财产损失。在交强险的实施过程中,机动车之间发生交通事故造成双方财产损失,如果无责任一方投保了交强险,保险公司也应向对方支付400元限额的责任赔偿，即机动车之间的财产损失遵循无责赔付原则。但这给交强险的实施带来许多不必要的麻烦。例如，两车之间发生交通事故，一方负全部责任而另一方无责，双方都投保了交强险。如果遵循无责赔付原则，就会使得原本只需向一家保险公司索赔的案件变成两家保险公司都需要处理。按目前保险公司的理赔处理流程，无责车主不仅要先后到两家保险公司参与定损，还可能发生预先赔付，然后再来回奔波向保险公司索取无责赔款的情况。如果说对机动车造成的行人的财产损失进行无责赔偿体现了对弱者利益的保护，那么对作为平等责任主体的机动车之间的财产损失也进行无责赔付又有何意义呢？也许带来的只能是更多无责车主的怨声载道和险商们的怨声迭起吧。

（二）责任限额模式不合理

《条例》的实施，不仅没有减少交通事故引发的民事赔偿纠纷，反而使得人民法院受理的交通事故民事赔偿案件持续增加，很多法院不得不专门成立交通事故法庭，以处理大量涌入法院的赔偿案件。笔者认为，之所以出现这一事与愿违的怪现象，与"交强险"制度本身尤其是责任限额模式存在重大缺陷不无关系。

首先，"交强险"对责任限额予以分项，既不合法也不合理。《道路交通安全法》第76条规定，发生交通事故之后，保险公司在责任限额范围内承担赔偿责任，这里的责任限额指一次事故的最高责任限额，并没有区分医疗费、死亡残疾赔偿、财产损失等具体赔偿内容，然而"交强险"却自说自话，对责任限额进行分项，将本来就不高的责任限额再细分，使得"交强险"对于受害人和车主的实际保障大大降低，甚至远不如商业险对受害人的保障。商业险投保10万元，医疗费也好，财产损失也罢，均可在10万元内赔偿。而"交强险"目前虽然总额为122000元，用于医疗费赔偿的只有区区10000元，医疗费超过10000元的费用就得由当事人自己出。在现实生活中，10000元医疗费是远远不能满足需要的。财产损失责任限额也只有2000元，2000元能赔什么？我们的保费与保额的比率本来就低。拿私家车举例，以前的保费是1050元，责任限额为60000元，比率为1:57，现在的保费是950元，责任限额122000元，比率为1:128。对于一些自卸王、槽罐车等特种车辆，比率就更低了，由于责任限额不变，保费可能高达5000多元。这类车辆一旦发生事故造成他人财产损失，保险公司最多只赔2000元，但保费却交了5000多元，这还能算保险吗？令人匪夷所思！

其次，"交强险"责任限额按每次事故而不是按每个人计算也是个缺陷。

“交强险”责任限额是针对一起事故所有人损失的最高赔偿额，而不是针对每一个受害人的最高赔偿额，这个规定既不公平也不合理。表面上看，责任限额122000元不少了，但随着人身损害赔偿标准的提高，受害人的赔偿请求也水涨船高，如果一起事故造成多人死伤，赔偿额分到每个受害人身上尤显捉襟见肘。在东部发达地区，死亡一个人，仅死亡赔偿金、精神损害抚慰金就已超出40万元，这还不包括医疗费、被扶养人生活费等其他费用，伤者怎么办？这122000元如何能满足实际需要？还有，死者家属与伤者之间又如何分配保险赔偿金？满足了一方，另一方肯定不满意，如果进行平均分配，有死有伤，有轻伤有重伤，损害程度不一，难言公平；如果按比例分配，实际操作中困难重重，各个受害人很难坐到一起去商讨，并且只有各个受害人的损失全部确定以后，才能计算出比例，不仅费力更费时。这一切的症结都在于“交强险”责任限额没有针对每一个受害人，而是针对一次事故而言。显然，这样的规定非常不合理。

(三)免责事由不统一

《道路交通安全法》第76条第1款规定保险公司承担无过错责任赔偿原则，第2款则规定交通事故的损失是由非机动车驾驶人、行人故意造成的，机动车一方不承担民事责任。从该条规定中可以看出，不论被保险机动车在交通事故中是否有过错或过错程度有多大，只要造成受害人的人身及财产损害，保险公司都要在交强险的责任限额内承担赔偿责任，除非交通事故是由非机动车驾驶人、行人故意造成的，机动车一方才不承担责任。换句话说，受害人的故意即民间所说的“碰瓷”行为，是“交强险”保险公司唯一的免责事由。《条例》第21条对此予以响应，但是第22条却又做出与第21条相矛盾的规定。第22条规定驾驶人存在醉酒、无证、盗抢、故意肇事情形的，“交强险”只履行垫付抢救费用的义务，并且有权向致害人追偿，对于“交强险”是否承担赔偿义务不置可否。《机动车交通事故责任强制保险条款》出台之时，干脆将上述几种情形统统规定为“交强险”的免责事由，《道路交通安全法》规定的原则至此已彻底被蚕食、被篡改、被落空。

我们认为，“交强险”本质上属于第三者责任险，其立法目的是为了保护遭受交通事故损害的第三人利益，其核心诉求是为了维护弱势群体的利益。因为在道路交通活动中，车主和驾驶人员是处于相对强势的地位，而非机动车、行人等则属于弱势群体。“交强险”对非机动车、行人等社会弱势群体更多地体现为一种权益维护。因此，“交强险”的免责事由只能是受害人的故意。在驾驶人醉酒、无证、盗抢、故意肇事情形下，保险公司不应向受害人赔偿明显犯了这样的逻辑错误：机动车方在一般过失甚至没有过失的情形下发生交通事故，保险公司都向受害人进行了赔偿，而当机动车一方在存在严重过错，例如无驾驶资格、醉酒、故意等情形下致人损害，受害人反而不能从保险公司获得赔偿。人们不免质疑，“交强险”究竟是为驾驶人而设，还是为非机动车、行人等受害人而设？“交强险”如何体现对弱势群体的保护？如何彰显“以人为本”的立法初衷？综上所述，我们认为，“交强险”的免责事由只能是受害人的故意。

（四）名称不准确

夫名不正，则言不顺。“交强险”是“机动车交通事故责任强制保险”的简称，“交强险”制度的制定依据是《道路交通安全法》第17条的规定，即国家实行机动车第三者责任强制保险制度，故“交强险”的名称本应为“机动车第三者责任强制保险”，可简称为“强制三责险”。由于名称的不一致，《机动车交通事故责任强制保险条例》（以下简称《条例》）及相关部门又均未明确“交强险”就是《道路交通安全法》第17条、第76条规定的“第三者责任强制保险”，因此在审判实践中，法官在适用《道路交通安全法》第76条判令保险公司承担责任时颇觉为难，无法确认两者就是同一个概念，而当有保险公司提出其承保的是“交强险”而非“机动车第三者责任强制保险”，并以此作为拒绝赔偿的抗辩理由时，法官也无从反驳，要么置之不理，要么干脆引用《条例》而回避第76条。然而，皮之不存，毛将焉附？回避《道路交通安全法》的规定，判决如何使人信服？

另外，“交强险”的名称也不利于该制度的理解和执行。“交强险”规定保险公司仅对车上人员、被保险人以外的第三者承担赔偿责任，其赔偿的是第三者的损失，对于车上人员、被保险人则不负赔偿责任，而“机动车交通事故责任强制保险”的名称给人感觉只要机动车方存在事故责任，保险公司就应该赔偿，造成谁的损失在所不问，很多人会因此理解为“交强险”同样赔偿被保险人以及本车人员的损失。显然，这样的理解与立法本义不相符合。

四、交通事故投保车辆的索赔技巧

我国对机动车实行机动车强制责任保险制度，除了交强险之外，还有车辆损失险、商业第三者责任险、全车盗抢险、车上责任险、无过失责任险、车载货物掉落责任险、玻璃单独破碎险、车辆停驶损失险、自燃损失险、新增设备损失险、不计免赔特约险等险种。但是，汽车上了保险并不意味着就万事大吉了，一旦出险，车主必须及时向保险公司提出索赔请求，如果懂得一些索赔知识，将会省去许多不必要的麻烦，同时最大限度地保障自己的合法权益。

作为被保险人向保险公司索赔，应首先弄清保险索赔的条件。事故车辆必须同时具备四个条件：(1)属于投保车辆的损失；(2)属于保险责任范围内的损失；(3)不属于除外责任；(4)属于必要的合理费用。

发生交通事故后，被保险人在向保险公司索赔时应注意以下事项：

(一)及时报案

保险事故发生后，除向公安交警部门报案外，还应按《机动车交通事故责任强制保险条款》规定，在48小时内向保险公司报案，如派人报案，则应如实陈述事故发生经过，并提供保险单和保险费收据，按要求填写出险通知书；如来不及派人报案，可先电话报案，待事故处理后，再向保险公司补述事发经过，并填写出险通知书。

(二)勿擅自修车

保险公司接到报案后，会视情况派人到现场勘察或到交通部门了解出险情况，同时对车辆进行定损，估算合理费用，并通知车主到保险公司指定的修理厂处理事故车辆。被保险人和保险公司最好能在选择维修单位、修理的项目和方式等方面按照保险合同约定达成一致，以避免出现保险公司拒赔的情况。

(三)注意赔付时间

当被保险人自保险车辆修复或事故处理结案之日起，3个月内不向保险公司提出索赔申请，或自保险公司通知被保险人领取保险赔款之日起1年内不领取应得赔款的，即视为自动放弃权益。

(四)注意保存证据

被保险人应妥善保存保险单、事故处理证明、事故调解书、修理清单及其他有关证明，以便日后到保险公司领取赔偿金。

(五)索赔时见好就收

被保险人在索赔的过程中要杜绝两个误区：一是怕麻烦，觉得向保险公司报案索赔耽误时间，选择私了，导致双方发生争执再寻求保险公司的赔偿而遭到拒赔；二是很小的损失，例如剐蹭点油漆、碰个车灯也去索赔，不仅自找麻烦，还有可能导致自己车辆的费率被调高。

(六)异地出险的情况

当汽车异地出险时，被保险人务必及时报案，安心等待保险公司的定损施救。车主绝不能自行维修汽车或人力推车，由于擅自拖运维修汽车而造成车损扩大,保险公司通常是不负责理赔的。此外,车主还需要第一时间拍下事故现场的照片作为理赔凭据。假如定损员难以在预定时间内做好事故定损工作,车主也能通过这些照片与实际维修单据向保险公司索赔。

五、如何计算交强险赔偿额

【例一】 A、B两机动车发生交通事故,两车均有责任。A、B两车车损分别为2000元、5000元,B车车上人员医疗费用7000元,死亡伤残费用6万元,另造成路产损失1000元。设两车适用的交强险财产损失赔偿限额为2000元,医疗费用赔偿限额为1万元,死亡伤残赔偿限额为11万元,则:

1. A车交强险赔偿计算

A车交强险赔偿金额 = 受害人死亡伤残费用赔款+受害人医疗费用赔款+受害人财产损失赔款 = B车车上人员死亡伤残费用核定承担金额+B车车上人员医疗费用核定承担金额+财产损失核定承担金额

B车车上人员死亡伤残费用核定承担金额 = 60000÷(2-1) = 60000元

B车车上人员医疗费用核定承担金额 = 7000÷(2-1) = 7000元

财产损失核定承担金额 = 路产损失核定承担金额 + B车车损核定承担金额 = 1000÷2+5000÷(2-1) = 5500元

超过财产损失赔偿限额,按限额赔偿,赔偿金额为2000元,其中:

A车交强险对B车车损的赔款 = 财产损失赔偿限额×B车车损核定承担金额÷(路产损失核定承担金额 + B车车损核定承担金额) = 2000×5000÷(1000÷2+5000)≈1818.18元

A车交强险对路产损失的赔款 = 财产损失赔偿限额×路产损失核定承担金额÷(路产损失核定承担金额 + B车车损核定承担金额) = 2000×[(1000÷2)÷(1000÷2+5000)]≈181.82元

A车交强险赔偿金额 = 60000+7000+2000 = 69000元

2. B车交强险赔偿计算

B车交强险赔偿金额 = 路产损失核定承担金额 + A车车损核定承担金额 = 1000÷2+2000÷(2-1) = 2500元

超过财产损失赔偿限额,按限额赔偿,赔偿金额为2000元。

【例二】 A、B两机动车发生交通事故,A车全责,B车无责,A、B两车车损分别为2000元、5000元,另造成路产损失1000元。设A车适用的交强险财产损失赔偿限额为2000元,B车适用的交强险无责任财产损失限额为100元,则:

1. A车交强险赔偿计算

A车交强险赔偿金额＝B车车损核定承担金额+路产损失核定承担金额＝5000+1000＝6000元

超过财产损失赔偿限额，按限额赔偿，赔偿金额为2000元。

2. B车交强险赔偿计算

B车交强险赔偿金额＝A车车损核定承担金额＝2000元

超过无责任财产损失赔偿限额，按限额赔偿，赔偿金额为100元。

B车对A车损失应承担的100元赔偿金额，由A车保险人在交强险无责财产损失赔偿限额项下代赔。

【典型案例】

案例一　对于醉酒驾驶保险公司承担交强险责任

被告向某醉酒驾驶轿车与原告陈某（行人）发生碰撞，向某驾车逃逸，陈某经医院抢救无效死亡，向某为车主，事故发生在交强险保险期限内，交警部门认定向某负事故的全部责任。因双方对事故赔偿问题未能达成一致，陈某的家属将向某及承保肇事车辆交强险的保险公司一并诉至法院，请求被告给付连带赔偿原告事故各项损失合计392208.5元。在案件审理过程中，被告保险公司未到庭，也未在举证期限内答辩。

法院认为：按照《道路交通安全法》第76条的规定，机动车发生交通事故造成人身伤亡、财产损失的，由保险公司在机动车第三者责任强制保险责任限额范围内予以赔偿。《道路交通安全法》《侵权责任法》明确规定被保险机动车被盗抢期间肇事的，被保险人故意制造道路交通事故的，属于保险公司免责事项，与《交强险条例》第21条第2款规定的“道路交通事故的损失是由受害人故意造成的，保险公司不予赔偿”一致。《交强险条例》第22条关于“造成受害人的财产损失，保险公司不承担赔偿责任”的规定，与《道路交通安全法》第76条规定相冲突，此情况违反下位法不得与上位法冲突的原则，该规定不可作为适用依据，故保险公司应当在交强险限额内承担责任。

案例二　对于无证驾驶保险公司承担交强险责任

白某在无证情形下驾驶小型货车与马某车辆发生碰撞，造成马某死亡。经公安交警部门认定，白某负事故主要责任。事故经交警部门调解无果，马某家属遂向人民法院提起诉讼，请求判决白某与保险公司在交强险限额内赔偿死亡赔偿金、精神抚慰金、丧葬费等各项损失共计13万元。

被告保险公司辩称：首先，《交强险条例》规定了保险公司在无证驾驶情形下只负责垫付抢救费用，对于受害人的其他财产损失，交强险不应该负垫付和赔偿责任，本案不存在垫付抢救费用的情形，所以保险公司不负责赔偿。其次，保险公司与被保险人签订的交强险条款的第9条中规定，驾驶人未取得驾驶资格的，除符合规定的抢救费用可由保险公司负责垫付外，对于其余损失保险公司不负责赔偿，根据合同约定，保险公司也不应该承担责任。再次，根据保监会做出的关于无证驾驶情形下的相关复函，保险公司不应承担责任。最后，根据最高人民法院[2009]民立他字第42号答复，《交强险条例》第22条中的“受害人的财产损失”应做广义理解，即包括因人身伤亡而造成的损失。因此，请求驳回原告的诉讼请求。

法院判决：根据《道路交通安全法》第76条的立法精神，保险公司应在人身伤亡时承担无过失责任，这体现了法律对于人身权的特殊保护，符合《道路交通安全法》的立法目的，无证驾驶不能作为承担受害人人身伤亡赔偿义务的免责事由。《交强险条例》第22条规定的无证驾驶情形下发生交通事故，保险公司不承担财产损失部分赔偿责任，并没有规定对人身伤亡损失也不承担赔偿责任，最高人民法院[2009]民立他字第42号复函中“受害人的财产损失”应做广义理解的答复针对的是被保险人向保险公司索要赔偿款的个案，被保险人在交通事故中有重大过错，因此判令保险公司不理赔符合立法价值。但本案中，受害人在交通事故中并没有过错，该复函也不具有普遍效力，保险公司免责的唯一理由是受害人的故意行为。保监会复函的法律位阶太低，与《道路交通安全法》和《交强险条例》的规定相违背，不应采用。综上所述，保险公司应承担损害赔偿责任。

【以案说法】

醉酒驾驶、无证驾驶要不得，维权意识少不得

醉酒驾驶、无证驾驶在实践当中并非个案，而是非常普遍的现象。在醉酒驾驶、无证驾驶肇事的情形下，保险公司往往根据《机动车交通事故责任强制保险条款》(以下简称《条款》)第9条规定，即保险公司只负责垫付符合规定的抢救费用为由，主张对其他损失和费用不负责垫付和赔偿。之所以会造成理赔异议，主要在于对相关法律规定理解有误，为了切实维护被保险人的合法权益，有必要对此进行法理阐释。此类案件涉及的争议问题主要有二：一是对《交强险条例》中所指"财产损失"究竟如何理解才符合立法原意；二是保险公司应否在交强险责任限额内对因无证驾驶、醉酒驾驶行为导致的交通事故造成的受害人人身伤亡承担赔偿责任。

对于《道路交通安全法》《交强险条例》中所指的"财产损失"有广义、狭义两种理解。广义的理解认为，保险公司的免赔范围包括因人身伤亡产生的各项经济损失，如死亡伤残赔偿金等。按照这一观点，对受害人的死亡赔偿金等损失，保险公司不予理赔，而应由被保险人负责赔偿。2009年，最高人民法院对《安徽省高级人民法院关于如何理解和适用〈机动车交通事故责任强制保险条例〉第22条的请示的答复》(以下简称《答复》)[①]就采用了广义的理解，实践当中好多案例都是根据这一答复判决的。按照狭义的理解，"财产损失"不应包括死亡伤残赔偿金等项目。《道路交通安全法》是制定《机动车交通事故责任强制保险条例》的法律依据，因此《交强险条例》的内容不能违背《道路交通安全法》的立法精神。《道路交通安全法》第76条规定："机动车发生交通事故造成人身伤亡、财产损失的，由保险公司在第三者责任强制保险责任限额范围内予以赔偿。"按照文义解释，立法对"人身伤亡"和"财产损失"并列表述，其意义区分明显，自然不能将相并列的内容按照种属关系理解。而且，《交强险条例》承袭《道路交通安全法》第76条的规定，其第21条第1款规定，被保险机动车发生道路交通事故造成本车人员、被保险人以外的受害人人身伤亡、财产损失的，

①这一答复是最高人民法院立案庭以[2009]民立他字第42号解释性司法文件的形式做出的，而不是以最高人民法院审判委员会的名义做出的，其合理性及普遍指导效力相对较弱。

由保险公司依法在机动车交通事故责任强制保险责任限额范围内予以赔偿。因此，二者在概念上不应存在歧义理解，“财产损失”应当指狭义的财产损失，不包含因人身损害造成的单纯以金钱为衡量标准的财产损害赔偿。

交通事故强制保险的立法本意及其基本价值取向就在于，保障受害人在交通事故发生后能够依法及时有效地得到赔偿。据此，我国法律对交通事故强制责任保险实行无过错赔偿原则，充分体现了以人为本的立法精神。根据《道路交通安全法》第76条的规定，机动车发生交通事故造成人身伤亡、财产损失的，由保险公司在机动车第三者责任强制保险责任限额范围内予以赔偿。显然，投保交强险的机动车发生交通事故致第三人人身伤亡、财产损失的，交通事故的任何一方当事人（包括机动车驾驶人、受害人）无论有无过错以及过错程度如何，保险公司都应在强制保险责任限额范围内承担赔偿责任。当然，为了防范道德风险，保护保险人的合法利益，保险公司也并非一律不得免责，所以《交强险条例》也进一步规定，当出现人身伤亡、财产损失是由于受害人故意造成的法定事由时，保险公司依法不予赔偿。[①]

实际上，在现阶段中国此类案件的争议处理和诉讼中，“同案不同判”的现象大量存在，凸显了法律适用的矛盾，也昭示着中国成文法立法体系内的矛盾。这些问题与矛盾虽然可以通过运用法律适用原则予以解决，但由于对法律的理解不统一，更合理的办法是通过司法解释、法律修改等途径予以解决，从而确保法律适用的统一性和严肃性。

在这里，我们也提醒机动车驾驶者，“动酒则不动车”，无照也不要驾车，千万不要存在侥幸心理，否则一旦肇事，害人害己。另外，机动车主一定要按时缴纳强制险，强制险是国家强制规定的险种，是专门为不特定第三人准备的救济途径，车辆一旦肇事，第三人即应获得救济，肇事者酒驾、醉驾引起的行政责任、刑事责任，也必须予以追究。

【法条链接】

机动车交通事故责任强制保险条例

第二十一条 被保险机动车发生道路交通事故造成本车人员、被保险人

①彭德贵：《无证驾驶机动车致人伤亡谁来赔偿》，载《人民检察》2013年第6期，第48页。

以外的受害人人身伤亡、财产损失的，由保险公司依法在机动车交通事故责任强制保险责任限额范围内予以赔偿。

道路交通事故的损失是由受害人故意造成的，保险公司不予赔偿。

第二十二条　有下列情形之一的，保险公司在机动车交通事故责任强制保险责任限额范围内垫付抢救费用，并有权向致害人追偿：

（一）驾驶人未取得驾驶资格或者醉酒的；

（二）被保险机动车被盗抢期间肇事的；

（三）被保险人故意制造道路交通事故的。

有前款所列情形之一，发生道路交通事故的，造成受害人的财产损失，保险公司不承担赔偿责任。

第二十三条　机动车交通事故责任强制保险在全国范围内实行统一的责任限额。责任限额分为死亡伤残赔偿限额、医疗费用赔偿限额、财产损失赔偿限额以及被保险人在道路交通事故中无责任的赔偿限额。

机动车交通事故责任强制保险责任限额由保监会会同国务院公安部门、国务院卫生主管部门、国务院农业主管部门规定。

第二十四条　国家设立道路交通事故社会救助基金（以下简称救助基金）。有下列情形之一时，道路交通事故中受害人人身伤亡的丧葬费用、部分或者全部抢救费用，由救助基金先行垫付，救助基金管理机构有权向道路交通事故责任人追偿：

（一）抢救费用超过机动车交通事故责任强制保险责任限额的；

（二）肇事机动车未参加机动车交通事故责任强制保险的；

（三）机动车肇事后逃逸的。

【扩展阅读】

交强险制度的完善

交强险制度的设立保障了交通事故受害人的权益，维护了道路交通安全。然而不可否认的是，我国的交强险制度发展时间较短，依然存在着诸多不足之处。法院在审理无证、醉酒驾驶导致的交通事故时，不能做出统一的判决，严重违反了法律的统一性和稳定性，损害了司法权威。对法律条文的不同理解不仅使部分受害人权利无法得到保护，也使保险公司在此类案件中叫苦不迭，认为赔偿受害人损失就是在为事故中有过错的人买单，损害了保险公司以及广大投保人的利益。这也导致了无证驾驶和醉酒驾驶与一般的肇事案件无明显区别，放纵了这样严重的违法行为。因此，在无证、醉酒驾驶情形下导致的交通事故案件中，如何使受害人得到应有救济并兼顾平衡保险公司利益，是交强险亟须解决的问题。

一、相关的立法建议

当今世界上许多国家和地区制定了相关法令，强制推行汽车责任保险业务。通过分析各国立法，无论是无过失保险制还是责任保险制，都将无证驾驶、醉酒驾驶等肇事行为列为保险责任范围之内，通过强制规定以确保受害人获得基本且必要的权利救济。以醉酒驾驶为例，美国各州在对第三人的保险中，无论被保险人是醉酒驾驶还是吸毒后驾驶等情况，无一例外将其列入保险公司承保范围内。我国台湾地区《强制汽车保险法》第29条规定，在驾驶员醉酒驾驶、吸毒驾驶等情形下，“保险人仍应依本法规定负保险给付之责”。

司法实务中导致同案不同判的根源，并不是法官对法律的不同理解，而是立法上出现了矛盾，由此导致司法混乱。我国交强险制度是从商业第三者险演变而来，一直以来其在很大程度上沿用了商业第三者险的理赔方式，忽视了交强险制度的立法目的。交强险与商业第三者险都是保障道路交通事故中第三方受害人获得及时、有效赔偿的险种，但两者针对无证、醉酒驾驶时保险责任的划分应予以区别，两者的根本目的是不同的。[①]商业第三者险以营利为目的，无证、醉酒驾驶发生率较高，事故后果严重，索赔率和赔偿金数额较大，商业第三者险将其列为除外责任以免影响保险人收益。而交强险旨在维护道路交通事故中受害人的权利，给予其必要的经济保障和医疗救助，因此交强险不能在此情形下免除受害人人身伤亡的赔偿责任。

基于上述分析，我们建议将《交强险条例》第22条中保险公司的垫付抢救费用的责任扩大为垫付受害人人身伤亡损失，并有权向致害人追偿。这样就能够达到受害人通过保险途径得到救济的目的，理清了财产损失与人身伤亡的界限，且保险公司承担的是垫付责任，这是法律拟制的一种代为偿付的责任。保险公司在承担责任后可向致害人追偿，这维护了保险公司的利益，实现了《道路交通安全法》第76条与《交强险条例》第21条、第22条的统一，明确交强险依据的是无过错责任原则，无论被保险人有无过错，保险人都应在限额内

①雷经升：《交强险除外责任的法理回归》，载《中国保险》，2010年第3期，第55-59页。

赔偿,保证了在商业第三者险将无证、醉酒驾驶排除在保险之外的情况下受害人依然能够在交强险范围内获得赔偿。

二、其他制度的完善

在我们着力保障受害人生命财产安全的同时,也应看到交强险制度的经营困境。据保监会发布的年度公告显示,2010年交强险经营亏损达72亿元,连续第二年出现亏损,这与我国交强险经营模式不明确息息相关。国际社会中比较发达的交强险经营模式有代办模式和商业模式两种。[①]代办模式由政府主导,由国家承担经营风险,保险公司只是受国家委托代办经营。商业模式由保险人自主经营、自负盈亏,政府只负责监管。而我国的交强险经营模式关于基础费率厘定依据的是"不盈不亏"的代办模式,而理赔则实行"自负盈亏"的商业模式,导致了交强险业务的经营混乱。我们认为,实行代办模式的经营方式适合我国国情,首先其能发挥社会主义国家集中力量办大事的优势,由国家承担经营风险,有利于平衡各方利益。其次,保险公司没有经营风险,可以有效提高其理赔的积极性,从根本上改变受害人遭受交通事故后只有通过诉讼才能维护权益的局面,避免那些没有必要的诉讼资源浪费。[②]

另外,我们认为我国违反交通安全法规的处罚太轻,这导致了我国成为世界上因交通事故死亡人数最多的国家。以闯红灯为例,我国仅处以警告或200元以下罚款,而日本则处以3个月以下徒刑及5万日元以下罚款。对更严重的无证驾驶,我国罚款数目为200元以上2000元以下,并处15日以下拘留,而日本处罚6个月以下徒刑及10万日元以下罚款。我国对道路违规违法者的惩治失之于软弱,违法者付出代价偏低,交通事故发生率明显上升。笔者认为,事后救济不如事前防范,我国应在酒驾入刑的基础上,适当提高其他违规违法行为的处罚力度,加大违法者的违法成本,才能形成对道路违章违法行为的震慑力,还广大人民一个良好、安全的道路交通秩序,降低交通事故发生率。

由于我国交强险制度的发展时间较短,交强险制度的有些规定并不是很完善,导致了法院判决的不一致和法律适用的混乱。因此,有必要对《交强险条例》第22条进行修改,其他相关制度也应逐渐完善。笔者认为,为了最大限度地保证受害人获得赔偿的权利,平衡保险公司的利益,对无证驾驶、醉酒驾

①魏振瀛:《民法》,北京大学出版社2010年7月,第122-123页。

②黄玉强:《醉酒驾驶交强险保险责任之确定》,载《法制与经济》,2010年3月,第131-134页。

驶的肇事者施以惩罚，在法律还没做出修改的情况下，我们应该根据交强险制度的设立目的和价值取向，做出有利于事故中受害人一方的解释，这样才能体现交强险保障受害人利益的根本目的。交强险制度的发展必须不断与时俱进，进行经验教训的总结，在实践中不断规范和完善，这样交强险就会在社会生活中起到越来越大的作用，进一步促进社会的和谐发展。

第五单元　起诉谁？向谁起诉？怎样起诉？

——如何打交通事故民事官司

【精讲精析】

中国自古以来就有“厌讼”的传统，这倒不是什么坏事。打官司不是闲着没事找乐子，而是为了解决争端。但是，打官司仅仅是解决争端的方式之一，人们在寻求解决争端的途径时，还有更多的选择，打官司不是唯一的、最好的争议解决途径，因为打官司是一种既不经济、也不高效的争端解决方式。另外，官司赢了但执行不了的尴尬事例比比皆是，一些律师甚至直言，替别人打官司只是他们谋生的手段，如果自己遇到纠纷，绝不会轻易诉诸法院。当然，有时候打不打官司也由不得自己，例如发生交通事故后，双方当事人一般都愿意自行协商解决争议，有时也在交警的主持下进行调解，最终使双方在赔偿问题上达成一致意见，但如果交通事故中车辆损坏比较严重或有人员伤亡，赔偿问题就很难达成一致意见，提起诉讼也就在所难免。在官司不打不行的情况下，那就认真去打。

一、如何打交通事故民事官司

打官司最重要的一条是要在诉讼时效期间内提出，否则证据再充分也于事无补。因此，有必要首先申明这一点。根据《中华人民共和国民法通则》相关规定，道路交通事故致身体受伤、致残或者死亡的，其民事诉讼时效为1年；因交通事故造成财产损失的，其民事诉讼时效为2年；既有人身伤害又有财产损失的，诉讼时效分别计算。在此前提下，我们还应掌握必要的策略或技巧。

(一)原告采取“三步走”战略

第一步，明确要“告谁”。打官司，“告谁”是一个很重要的问题。如果告的对象不对，不仅浪费了时间、人力、财力，还达不到要求赔偿的目的。在“告谁”

的问题上,首先要看发生事故时对方所驾车辆行驶证上的车主是谁,如果是肇事司机本人,那就直接起诉他,如果车辆另有其主,可以将肇事司机与车主作为共同被告一并起诉,如果车主是单位,可以将单位一并作为被告告上法庭。

试举一例:老王前几天开车与一辆正在运营的出租车相撞,双方就赔偿问题达不成协议。老王一纸诉状将出租车司机告上法庭。本以为自己一定胜诉,结果法院以被告主体不适格为由,驳回了老王的起诉。其原因就像前文所说,出租车的车主为出租汽车公司,此辆出租车正在运营中,司机驾车的行为是职务行为,老王应以出租汽车公司为被告提起诉讼,而不是司机个人。如果老王不能确定究竟谁是适格的被告,可将出租汽车司机与出租汽车公司一并起诉到法院,以维护自己的权益。

乘客在乘坐出租车、公共汽车时,因交通事故造成损害到法院起诉赔偿的,可以告出租汽车公司、公交汽车公司,也可以告肇事司机。告出租汽车公司、公交汽车公司,不仅因为它是车主,还因为当乘客乘坐出租车、公共汽车时就相当于与其签订了一份承运合同,出租车、公共汽车司机有义务安全地将乘客送到目的地。他没有做到,就是违约。告对方的肇事司机,起诉理由是对方的行为构成了民事侵权。现有一成功案例:张先生乘坐某出租汽车公司于先生驾驶的出租汽车时,出租车与贾先生驾驶的大货车相撞,张先生因此受伤。经公安部门认定,贾先生负事故的全部责任。张先生在出租汽车公司与贾先生之间,选择了将出租汽车公司告上了法院。最终,法院判决出租汽车公司赔偿张先生8万多元的损失。

第二步,拿到证据。公安机关交通管理部门是认定道路交通事故的法定机关,虽然其出具的《道路交通事故责任认定书》应经当事人予以质证,不能当然成为法院认定案件事实的依据,但它作为处理交通事故纠纷的重要证据,在诉讼中,对于证明双方当事人各自应负的责任程度仍具有重要的意义。案件起诉至法院后,法院固然应当根据法庭调查的事实对事故责任进行确认,调查范围不受公安机关责任认定书的限制,但在通常情况下,当事人没有确凿证据推翻责任认定书的内容时,法院都会采信公安机关对责任的认定,并以此为基础确定有关当事人的赔偿责任。因此,当事人在拿到交通队的事故责任认定书时,一定要仔细看清责任认定内容。如果不服,要及时向上一级公安机关申请复议。

第三步,赔偿要求要合理。交通事故纠纷案件中,涉及的赔偿问题一般包括财产损害赔偿和人身伤害赔偿。财产损害赔偿的范围主要包括修车费、车上货物损失等。修车费根据修车发票上的合理数额认定，如果车辆已经报废应折价赔偿。事故中车上物品的损坏赔偿，应当按实际损失进行赔偿。人身损害赔偿的项目主要有：医疗费、误工费、住院伙食补助费、护理费、残疾者生活补助费、残疾用具费、丧葬费、死亡补偿费、被扶养人生活费、交通费、住宿费等等。其中，误工费包括两部分，一是当事人在看病、住院期间不能上班造成的误工费，二是因处理交通事故善后事宜的误工费。有些交通事故纠纷中受害人“狮子大开口”，漫天要价，影响了诉讼的正常进行。

通过案例，我们可以掌握如何合理主张诉求：李某驾驶的汽车与张某驾驶的摩托车相撞，交通队认定李某负事故全部责任，张某不负责任。张某起诉要求李某赔偿医疗费、二次手术费、鉴定费、今后整容费、误工费、住院伙食补助费、交通费、营养费、精神抚慰金。基于以上诉讼请求，张某提供了以下证据：北京市公安交通管理局事故处出具的鉴定书，证明张某4级伤残，伤残指数为70%，需整容和手术；医院住院治疗的医嘱建议全休3个月；住院日期及费用单据；鉴定费票据；医院出具的需要1个月护理的证明；张某所在工厂出具的张某工资证明；张某父亲护理张某请假1个月减发工资4000元；整容医院开具的张某面部疤痕可手术的诊断书及费用；出租车票价值2000元。

法院依据证据认定张某的医疗费、二次手术费、鉴定费、今后整容费均为合理损失，应予支持。误工费则根据张某提供的住院日期单据和医院开出的需要休息时间证明，再根据张某工作单位的工资证明可以认定。对此，对方提出了异议，张某到税务单位出具的纳税单作为更有力的证据证明了他的工资收入。住院伙食补助费没有统一规定，一般参考交通事故发生地国家公务员的出差伙食补助标准计算。张某的父亲请假1个月减发工资4000元，这笔收入高于交通事故发生地的平均生活费3倍以上，应按3倍计算相应的护理费。交通费既包括就诊期间的交通费，即受害人及其陪护人员到医院治疗和转院治疗中实际发生的合理费用，还包括处理交通事故遗留问题所花费的合理费用。张某虽然提交了相当数量的出租车票据，但没有证据证实此费用的支出为看病所必须，法院不予支持。关于交通工具的选择，应以当地普通交通工具为标准，凭票据赔付。以北京为例，普通交通工具是公共汽车，根据案件实际情况，法院仅考虑了交通事故发生看急诊，张某乘坐出租汽车的费用。法律上所讲的营养费和当事人一般认为出了事故多加点营养而支出的费用不完全一致。由于张某虽然没有提供治疗医院或法医就其需要补充营养的专门证明，但是考虑到其伤残情况，法院酌情判定了住院期间和病休期间的营养费。

此外，现在到法院起诉的交通事故赔偿案件中，许多受害者都提出了精神损害赔偿的要求，关于是否应给予精神损害赔偿以及法院裁判这项请求的幅度，主要是参考最高人民法院《关于确定民事侵权精神损害赔偿责任若干问题的解释》。当事人提出的赔偿数额和法院最后认定数额如果存在差距时，还存在一个诉讼费用承担的问题。多提出来的不合理的费用是要自己承担的，所以当事人不可漫天要价。

（二）被告也须认真应对

与原告对应，被告应注意《道路交通事故责任认定书》是对方当事人一项有力的证据，如被告对公安机关认定的责任分担有异议，一定要在法定期限内，提出重新认定的申请。如果公安机关做出了最终决定，并且这一决定对自己不利，也不用过分担心。在案件的审理过程中，法院还会对交通事故的责任重新认定，只要依据相关法律、法规的规定，找出对自己有利的证据，仍然可以驳倒对方。但如果被告不能证明自己没有过失，也不能证明对方当事人存在故意或过失，更不能证明车辆本身存在问题，那么被告就应承担赔偿责任。

被告应当积极应诉，对原告的起诉状要十分重视，弄清其中所列明的原告与被告在主体资格方面是否合法、有效。然后，注意辨明受诉法院是否有管辖权。我国法律既明确规定了法院对特定案件的管辖范围，又明确规定如果当事人到没有管辖权的法院出庭应诉，且没有提出“管辖异议”，就认定法院取得了管辖权。有些当事人特别是被告不知道这些特殊规定，花费了许多时间和精力。

案件进入审理程序后，被告应积极行使诉讼权利、积极举证，有的被告自知理亏，认为不应诉或不答辩、不出庭就能逃避责任，其实这些做法并不影响法院对案件的审理和裁判。对对方当事人提供的各项证据，被告一定要认真审核。审核书面证据是否有涂改痕迹，有没有加盖必要的印章，有没有相关人员的签字；审核对方提交的证据是否充分，能否证明与自己存在权利义务关系等。

二、没有交通事故认定书能否起诉

关于道路交通事故的处理，在2004年5月1日之前，依据的是国务院1991年9月颁布的《道路交通事故处理办法》（以下简称《办法》）。该《办法》第17条第1款规定，公安机关在查明交通事故原因后，应当根据当事人的违章行为与交通事故之间的因果关系以及违章行为在交通事故中的作用，认定当事人的交通事故责任。依据该款规定，人民法院在受理交通事故损害赔偿案件时，都要求当事人提供公安机关出具的《交通事故责任认定书》，不提供该认定书的，不予受理，由此形成了道路交通事故损害赔偿案件受理过程中事实上的“责任认定程序前置”。但是，2004年5月1日生效的《道路交通安全法》对上述规定进行了修正。该法第73条规定，公安机关交通管理部门应当根据交通事故现场勘验、检查、调查情况和有关的检验、鉴定结论，及时制作交通事故认定书，将其作为处理交通事故的证据。《交通事故认定书》应当载明交通事故的基本事实、成因和当事人的责任并送达当事人。

与《办法》相比，《道路交通安全法》明显淡化了公安机关对道路交通事故的责任认定，该机关所制作的《交通事故认定书》仅是处理交通事故的证据，而不是提起交通事故损害赔偿诉讼的“必要证据”。换言之，有《交通事故认定书》时，处理交通事故固然可以以此为依据，若没有该认定书，而有其他证据能够证明交通事故发生的基本事实、成因和当事人责任的，同样也是可以提起诉讼的。根据《民事诉讼法》第119条的规定，当事人起诉只要符合该条规定中的“原告是与本案有直接利害关系的公民、法人和其他组织；有明确的被告；有具体的诉讼请求和事实、理由；属于人民法院受理民事诉讼的范围和受诉人民法院管辖”条件，法院就应当受理。如果发生交通事故后，当时没报警，但是只要你能提出充分的证据证明事故发生的基本事实、成因，可以就此确认当事人的责任，那么没有《交通事故认定书》，诉权同样会受到法律的保护。

另外，现在轻微事故私了的情况较多，自行撤离现场后，责任方不履行义务，受害方提供不出交通事故证据，又因现场变动，证据灭失，无法查证交通事故事实的，受害方可能会丧失诉权。正确的做法是，交通事故发生后，双方当事人应当以书面形式私了，协议上一定要写清楚交通事故发生的时间、地点、天气、当事人姓名、联系方式、机动车驾驶证号、机动车牌号、保险凭证号、交通事故形态、碰撞部位以及对损害赔偿协商处理内容等，最后由双方当事人签字。如果责任方不履行义务，则受害方可以依据协议书，要求交通事故认定部门进行认定或直接到法院起诉。

三、掌握交通事故官司索赔技巧

（一）避免遗漏赔偿项目

道路交通事故赔偿范围标准及计算公式：

1.残疾赔偿金=受诉法院所在地上一年度居民人均收入×伤残系数×赔偿年限

2.残疾辅助器具费=普通适用器具的合理费用

3.丧葬费=事故责任人所在地上一年度职工月平均工资×6个月

4.被扶养人生活费=事故责任人所在地人均年消费性支出×扶养年限

5.住院伙食补助费=国家机关一般工作人员出差伙食补助标准(元/天)×住院天数

6.医疗费赔偿金=诊疗费+医药费+住院费+其他

7.误工费=误工收入(天/月/年)×误工时间

8.护理费=交通事故发生地护工同等级别护理劳务报酬标准×护理天数

9.死亡赔偿金=事故责任人所在地上一年度人均收入×20年

10.交通费=实际发生的费用

11.住宿费=国家机关一般工作人员出差住宿标准×住宿时间

12.直接财产损失费=受损坏的财产的直接损失

13.车辆停运损失费=车辆停运期间实际发生的损失

14.精神损害费=法院根据实际情况判决

（二）交通事故案件的管辖法院

交通事故导致人身损害，最习惯的诉讼方式是什么？那就是向交通事故发生地的人民法院起诉，相信大多数人都是这样想的，也是这么做的。交通事故发生地管辖原则，是侵权法中所规定的侵权行为地法院管辖的具体表现。交通事故案件是典型的侵权案件，《民事诉讼法》第28条规定，因侵权行为提起的诉讼，由侵权行为地或被告住所地人民法院管辖。所以，交通事故案件不仅仅是交通事故发生地法院可以管辖，被告住所地法院也有权管辖。

（三）合理选择诉讼时机

什么时间提起诉讼是有技巧的，因为计算残疾赔偿金或死亡赔偿金，所依据的城镇居民人均可支配收入或农村居民人均纯收入，按照一审法庭辩论终结时，政府统计部门公布的各省、自治区、直辖市以及经济特区和计划单列市上一年度相关统计数据确定。可见，同样一个案件在2011年9月份起诉，和在2012年3月份起诉所得到的判决结果很可能是不一样的。

（四）尽可能多列被告

首先，多列被告，宁可告错，不可漏告，这样会增加执行主体和承担责任的保险系数；其次，紧盯有可供执行财产的被告。对方是否属于单位，车辆是否投保，保险额多少都是诉讼要考虑的问题，对于那些无财产可供执行的被告应想其他办法，不一定非要走诉讼程序。

(五)合理选择适用的法律

乘坐长途汽车、出租车等发生道路交通事故，在很多情况下会发生违约责任与侵权责任的竞合，受害人有选择提起交通事故侵权损害赔偿之诉或客运合同违约之诉的权利。选择不同的法律适用，其结果往往大相径庭，尤其在双方肇事的交通事故案件中，更需要充分利用法律赋予的权利，根据不同被告的偿付能力选择适用不同的法律关系。

(六)合理提起刑事附带民事诉讼

根据我国法律的相关规定，有些情况下交通事故涉嫌刑事犯罪。肇事者不但要承担民事赔偿责任还要承担刑事责任。在这种情况下，受害人或其家属就应该考虑是否提起刑事附带民事诉讼。提起刑事附带民事诉讼有三个好处：一是不用预交诉讼费，二是案件处理相对比较及时，三是肇事者为了减轻刑事处罚，往往会积极赔偿。需要注意的是，在司法实践中，提起刑事附带民事诉讼，主张精神损害抚慰金(也就是精神损失)的，法院一般不会支持。

(七)城市赔偿标准和农村赔偿标准的适用

如果你一直生活在城市，但你又是农村户口，那么在交通事故赔偿中如果适用农村标准，对你是很不利的，两者之间差距很大。因此，你要证明你在城市中已经连续生活5年以上，那么可以要求法院适用城市标准。这样，你的赔偿数额会大大提高。甘肃省新制定的《甘肃省道路交通安全条例》于2012年1月1日正式实行。根据该条例的规定，因交通事故造成人身伤亡的，甘肃省城镇居民和农村居民在残疾赔偿金、死亡赔偿金标准上将不再有区别，实行“同命同价”原则。

(八)责任无法认定的有效处理

在交通事故责任无法认定的情况下，司法实践中一般判定双方各承担50%的责任，这样的判例比较普遍。其实在这种情况下，需要对交通事故的所有情节做详细的了解，自行收集或者从交警那里收集交通事故现场的证人，争取自己的最大权益。因为在无法认定交通事故责任的情况下，法官拥有较大的自由裁量权，而法官判案的依据是证据，所以在案件中如何取证，提交什么样的证据，就显得尤为关键。

(九)不要误解交警出具的责任认定书

《道路交通安全法》实施后，交警的责任认定书仅是交通事故赔偿的一个证据，不是法院判决民事赔偿的依据。在机动车与非机动车的交通事故赔偿中，就算非机动车方承担主要责任或者全部责任，机动车方仍然要承担全部的民事赔偿责任。如果有证据证明非机动车方存在过错，只能减轻机动车方的赔偿责任。因此，如果认定非机动车方承担主要责任或者全部责任，当事人不要轻易调解，放弃索赔的权利，因为在民事赔偿中，机动车方是要承担全部或者大部分民事赔偿责任的。当然，如果有保险，那么在第三人责任险的保险限额内由保险公司赔偿。

四、打交通事故官司应提交哪些证据

（一）交通事故责任认定书

所谓交通事故认定，是指公安交通管理部门通过对交通事故现场勘查、技术分析和有关检验、鉴定，分析查明交通事故的基本事实、成因和当事人责任后所做的技术性结论。其目的是分清事故责任，从而依照交通法规和其他规定对肇事者做出正确恰当的处分。交通事故认定书应当载明以下内容：(1)交通事故当事人、车辆、道路和交通环境的基本情况；(2)交通事故的基本事实；(3)当事人导致交通事故的过错及责任或者意外情况。交通事故认定书是公安机关对交通事故损害赔偿进行调解的依据，是人民检察院对于交通肇事者是否提起公诉的证据，也是人民法院定罪量刑和确定损害赔偿的证据。需要特别说明的是，交通事故认定书虽然是一种重要的证据，但当事人仍可就交通事故认定书的真实性、可靠性和科学性提出质疑，法院应依证据规则审查其效力性及证明力，若有其他证据证明其存在错误，法院不应采信该证据，而应以自己审理认定的事实作为定案根据。

（二）医疗费证据

1.医院和县级以上医院进行抢救的费用以及医院的医疗费单据。

2.医院治疗诊断证明书、病历、转院治疗证明、法医鉴定书。

3.医疗终结后，需要继续治疗的费用，应当有治疗医院的继续治疗意见或法医鉴定意见。

4.自购药费单据，应当附治疗医院的处方。

（三）误工日期证明

误工日期证明为医院出具的住院治疗与休治时间，或法医鉴定确定的休治时间，但评定伤残等级的，评定伤残之日前为误工日期。

（四）减少收入的证明

1.当事人有固定收入的，由单位出具因为交通事故误工减少收入的证明。其收入包括工资、奖金及国家规定的补贴、津贴。奖金以交通事故发生时上一年度本单位人均奖金计算。

2.农业人口中有固定收入的从事农、林、牧、渔业的在业人员，其收入按照当地劳动力人均年纯收入计算。

3.无固定收入的、交通事故发生前从事某种劳动，包括城乡个体工商户、家庭劳动服务人员等，应有街道办事处或乡镇人民政府的证明。

4.当事人还应提供户籍证明、身份证明等。

（五）住院伙食补助费证明

1.被抢救或住院治疗期间的天数证明。

2.赔偿标准按当地国家机关工作人员出差伙食补助标准的证明。

（六）护理费证据

1.医院同意护理人员及护理人数的证明。

2.护理人员的收入证明。

（七）伤残评定赔偿证据

权威鉴定机构出具的道路交通事故伤残评定书。

（八）残疾者生活补助费的赔偿证据

1.道路交通事故伤残评定书或道路交通事故伤残重新评定书。

2.身份证和户籍证明。

（九）残疾辅助器具费证据

残疾辅助器具购置发票，县级以上医院证明，国产普及型的证明及事故伤残评定书。

（十）被扶养人生活费证据

1.丧失劳动能力的证明。

2.被扶养人户籍证明和身份证明。

3.在校学生学校的证明。

4.街道或乡（镇）政府及派出所出具的扶养关系证明。

（十一）交通费证据

交通费要有相关票据，当然其支出要有合理的说明，这些票据是要求赔偿义务人进行赔偿的必不可少的证据，也是法院支持赔偿请求的依据，否则当事人如果没有相关票据支持而漫天要价，或者虽提供了交通费票据但其数额明显与实际可能的支出不符，都不会得到法院的支持。

（十二）有关财产损失费证据

财产损失费是指因交通事故损坏的车辆、物品、设施等应当修复而不能修复的,以及牲畜因伤失去使用价值或者死亡而造成的直接损失,相关事故责任人对上述直接的财产损失应折价进行赔偿。诉讼中常见的财产损失费证据有:(1)车辆损坏的评估单、修理费用票据;(2)财物损失清单;(3)牲畜因伤失去使用价值或死亡后由物价部门出具的评估单;(4)不便提交的大宗物品、易烂易霉变和不易保管的物品,应有原物的照片、估价证明及鉴定意见等;(5)因事故造成的其他实际损失及因处理事故而支出的合理费用的单据。

因此,交通事故发生后,要及时搜集此类证据,以最大限度地证明自己的主张,从而获得最大限度的赔偿。

【典型案例】

双方均有过错的情形下损害赔偿如何判定?

2003年7月16日20时许,孟某驾车沿市共青团路由北向南行驶时,骑自行车的任某误入机动车道,被撞倒受伤,在医院治疗50天后出院。经交警部门认定,任某对这起事故负全部责任。事后,任某向法院提起诉讼,要求孟某支付其医疗费、误工费、护理费、交通费、住宿费、住院伙食补助费和残疾赔偿金等共计155833.40元。在法庭审理中,任某提出司机孟某是酒后驾车,对此次事故也应负一定的责任,而不应该由自己负全部责任,并出具了当时交警对孟某的酒精测试纪录。

法院经过审查查明,虽然受害人任某违反了交通规则,存在过错,但司机孟某酒后驾车也违反了交通规则,同样存在过错,因此没有采用交警部门事故认定书中关于任某负全部责任的责任认定,对于任某提出的残疾赔偿金赔偿请求,因为没有证据证明,不予支持,法院最后判决孟某赔偿任某医疗费、误工费、护理费、交通费等共计97877.50元。

【以案说法】

证据是胜诉的关键

在我国,法官审理案件所遵循的一个基本原则就是"以事实为根据,以法律为准绳",但是很多人对这句话的理解存在一个误区,认为"事实"就是指案件当时实际上真正发生的客观情况。其实,这是不准确的,因为世界上根本没有"时光机器",任何人都不能使过去的事实重演一遍,我们所能做的就是尽量搜集案件当时发生的各种证据，用这些证据最大限度地证明当时的情况，也就是说“以事实为根据”中的“事实”仅仅是指能够用证据证明的“事实”，而不一定就是当时真正发生的事实。例如，朋友确实向你借了一大笔钱，而其他人都不知道，你也没有他的欠条和其他证据证明他借过你的钱，如果你的朋友不承认借过你的钱而赖账的话，从法律上来讲你是要不回你自己的钱的。也就是说，由于你没有任何证据，法院则可能在审理时会认定你们之间根本不存在借贷关系的事实，因此你就必须承担败诉的风险。我们经常说的“打官司就是打证据”，就是这个道理。

那么什么是证据?“证明案件真实情况的一切事实，都是证据。”①证据必须符合法律规定的形式，我国《民事诉讼法》第63条规定了民事证据的8种形式：当事人的陈述、书证、物证、视听资料、电子数据、证人证言、鉴定意见、勘验笔录。在打交通事故官司中最常见的证据有以下几种：

1.交通事故认定书。交通事故认定是公安机关在查明交通事故原因后，根据当事人的违章行为与交通事故之间的因果关系以及违章行为在交通事故中的作用，对当事人的交通事故责任加以认定的行为。根据公安部的《道路交通事故处理程序规定》，交通事故当事人的责任分为：全部责任、无责任、主要责任、次要责任、同等责任及责任无法认定。交通事故认定书在交通事故处理中是至关重要的，它影响到交通事故法律责任的承担，如民事赔偿、行政处罚甚至刑事责任，因此交通事故认定书在交通官司中是非常重要的证据。

2.伤残鉴定书。伤残鉴定是指符合评定人条件，承担道路交通事故受伤人员伤残评定的人员在客观检验的基础上，根据检验结果按照伤残评定标准，运用专门知识进行分析所得出的综合性判断。中华人民共和国国家质量监督检验检疫总局于2002年发布的《道路交通事故受伤人员伤残评定标准》，把伤残划分为十个等级，从十级伤残到一级伤残依次加重，一级伤残最为严重。伤残鉴定是民事赔偿的重要依据之一，尤其是在要求对方支付残疾赔偿金时，更是必不可少的证据。否则，将由于没有相应证据的支持而无法获得应有的赔偿。

3.当事人支付医疗费、护理费、交通费等各种费用的票证和单据。这些费用的单证是要求赔偿义务人进行赔偿的证据，也是法院进行判决的依据，否则

①2012年3月14日第十一届全国人民代表大会第五次会议通过的《中华人民共和国刑事诉讼法》(修正案)，第48条规定，可以用于证明案件事实的材料，都是证据，而此前刑事诉讼法则将“证据”规定为“证明案件真实情况的一切事实”。可见，证据并非事实。相应地，笔者认为民事诉讼法、行政诉讼法中“证据”的概念也应当及时修正。

当事人如果没有相关证据支持，只会多交一部分诉讼费，对自己胜诉十分不利。

4.除了以上几种重要的证据外，诉讼中常见的证据还有车损、物损证明及误工证明，受害人死亡的还要有死亡证明以及受害人被扶养人情况证明等一系列诉讼证据，只有把各种证据都搜集起来才能够最大限度地证明自己的主张，从而获得最大限度的赔偿。

上述案例中，虽然交通事故认定书认定任某对这起事故负全部责任，但是值得注意的是，公安交通管理部门的事故认定书只是民事诉讼证据的一种。在当事人共同申请的交警调解中，该认定书是当然的依据；在法院的民事赔偿诉讼中，事故责任认定书仅是比较重要的证据之一，已经不再是法院审理案件的全部依据。

法院根据当事人各方举证证明的事实，完全可能做出不同于责任认定书载明的责任分担比例的判决。也就是说，法院对赔偿责任的划分是基于举证、质证的情况，根据相关法律的规定做出判决，而不仅仅是依据交通事故认定书。所以，本案中法院根据当事人任某出具的当时交警对孟某的酒精测试纪录，证明司机孟某酒后驾车的事实，认为司机孟某也存在过错，没有采纳公安交通管理部门的事故认定书的责任认定的做法是正确的。案例中任某提供的证据起了决定性的作用。

另外，根据《道路交通安全法》第76条第2款中“机动车与非机动车驾驶人、行人之间发生交通事故的，由机动车一方承担责任”的规定，机动车一方应当全额赔偿受害人的损失。由于任某在事故发生后没有及时申请做伤残鉴定，在法庭审理时无法提供证据来证明自己提出的伤残赔偿金的合理性，因此任某的伤残赔偿金请求没有得到法院的支持，只能就此项赔偿另案起诉。这也从侧面反映出证据在打官司中的重要作用，正所谓在法庭上没有证据就寸步难行！

证据对于肇事一方来讲同样具有重要的意义，它涉及肇事一方交通事故民事赔偿、行政处罚甚至刑事责任。因此，交通事故发生后，交通事故当事人要尽力保护现场的原始状态，包括其中的车辆、人员、牲畜以及遗留的痕迹、散落物不随意产生变化。当事人在交通警察到来之前可以用绳索等设置保护警戒线，防止无关人员、车辆等进入，避免现场遭受人为或自然条件的破坏。为抢救伤者，必须移动现场肇事车辆、伤者时，应在其原始位置做好标记等等。通过以上方法固定证据，可以为以后在诉讼或调解中实现自己的主张增加砝码。

在交通事故损害赔偿诉讼中，谁掌握更多的支持自己诉讼请求的证据，谁就是法庭上的强者，所谓“用事实说话”在法律上也就是“用证据说话”，因此当事人应该具备搜集证据的意识。有一些当事人常常为了图一时方便不去主动收集证据，结果导致诉讼中的巨大损失。例如上述案例中，任某为了省去几百元的伤残鉴定费用，便没有去做伤残鉴定，结果导致本来可以获得的几万元的伤残赔偿由于没有证据支持而被法院驳回。在诉讼中，并不是所有证据都是不可推翻的，如该案中在对方拥有交通事故认定书认定任某负完全责任的有力证据情况下，任某主动提出了对方酒后驾车的证据，推翻了交警部门认定书的责任认定，获得了赔偿。这也反映了诉讼中反驳对方证据的有效途径就是用证据对抗证据，当事人要永远牢记打官司就是打证据，在法庭上只有“用证据说话”才能获胜！

【法条链接】

民事诉讼法

第六十三条　证据有下列几种：

（一）当事人陈述；

（二）书证；

（三）物证；

（四）视听资料；

（五）电子数据；

（六）证人证言；

（七）鉴定意见；

（八）勘验笔录。

证据必须查证属实，才能作为认定事实的根据。

第六十四条　当事人对自己提出的主张，有责任提供证据。

当事人及其诉讼代理人因客观原因不能自行收集的证据，或者人民法院认为审理案件需要的证据，人民法院应当调查收集。

人民法院应当按照法定程序，全面地、客观地审查核实证据。

第六十七条　人民法院有权向有关单位和个人调查取证，有关单位和个人不得拒绝。

人民法院对有关单位和个人提出的证明文书，应当辨别真伪，审查确定其效力。

第六十八条 证据应当在法庭上出示，并由当事人互相质证。对涉及国家秘密、商业秘密和个人隐私的证据应当保密，需要在法庭出示的，不得在公开开庭时出示。

第一二〇条 起诉必须符合下列条件：

(一)原告是与本案有直接利害关系的公民、法人和其他组织；

(二)有明确的被告；

(三)有具体的诉讼请求和事实、理由；

(四)属于人民法院受理民事诉讼的范围和受诉人民法院管辖。

第一二一条 起诉应当向人民法院递交起诉状，并按照被告人数提出副本。

书写起诉状确有困难的，可以口头起诉，由人民法院记入笔录，并告知对方当事人。

第一百二十一条 起诉状应当记明下列事项：

(一)原告的姓名、性别、年龄、民族、职业、工作单位、住所、联系方式，法人或者其他组织的名称、住所和法定代表人或者主要负责人的姓名、职务、联系方式；

(二)被告的姓名、性别、工作单位、住所等信息，法人或者其他组织的名称、住所等信息；

(三)诉讼请求和所根据的事实与理由；

(四)证据和证据来源，证人姓名和住所。

最高人民法院《关于民事诉讼证据的若干规定》

第一条 原告向人民法院起诉或者被告提出反诉，应当附有符合起诉条件的相应的证据材料。

第二条 当事人对自己提出的诉讼请求所依据的事实或者反驳对方诉讼请求所依据的事实有责任提供证据加以证明。

没有证据或者证据不足以证明当事人的事实主张的，由负有举证责任的当事人承担不利后果。

第三条 人民法院应当向当事人说明举证的要求及法律后果，促使当事人在合理期限内积极、全面、正确、诚实地完成举证。

当事人因客观原因不能自行收集的证据，可申请人民法院调查收集。

第六十七条　在诉讼中，当事人为达成调解协议或者和解的目的做出妥协所涉及的对案件事实的认可，不得在其后的诉讼中作为对其不利的证据。

第六十八条　以侵害他人合法权益或者违反法律禁止性规定的方法取得的证据，不能作为认定案件事实的依据。

第六十九条　下列证据不能单独作为认定案件事实的依据

(一)未成年人所做的与其年龄和智力状况不相当的证言；

(二)与一方当事人或者其代理人有利害关系的证人出具的证言；

(三)存有疑点的视听资料；

(四)无法与原件、原物核对的复印件、复制品；

(五)无正当理由未出庭作证的证人证言。

第七十条　一方当事人提出的下列证据，对方当事人提出异议但没有足以反驳的相反证据的，人民法院应当确认其证明力：

(一)书证原件或者与书证原件核对无误的复印件、照片、副本、节录本；

(二)物证原物或者与物证原物核对无误的复制件、照片、录像资料等；

(三)有其他证据佐证并以合法手段取得的、无疑点的视听资料或者与视听资料核对无误的复制件；

(四)一方当事人申请人民法院依照法定程序制作的对物证或者现场的勘验笔录。

第七十一条　人民法院委托鉴定部门做出的鉴定结论，当事人没有足以反驳的相反证据和理由的，可以认定其证明力。

道路交通安全法

第七十三条　公安机关交通管理部门应当根据交通事故现场勘验、检查、调查情况和有关的检验、鉴定结论，及时制作交通事故认定书，作为处理交通事故的证据。

交通事故认定书应当载明交通事故的基本事实、成因和当事人的责任，并送达当事人。

第七十四条　对交通事故损害赔偿的争议，当事人可以请求公安机关交通管理部门调解，也可以直接向人民法院提起民事诉讼。

经公安机关交通管理部门调解，当事人未达成协议或者调解书生效后不履行的，当事人可以向人民法院提起民事诉讼。

第七十五条 医疗机构对交通事故中的受伤人员应当及时抢救，不得因抢救费用未及时支付而拖延救治。肇事车辆参加机动车第三者责任强制保险的，由保险公司在责任限额范围内支付抢救费用；抢救费用超过责任限额的，未参加机动车第三者责任强制保险或者肇事后逃逸的，由道路交通事故社会救助基金先行垫付部分或者全部抢救费用，道路交通事故社会救助基金管理机构有权向交通事故责任人追偿。

第七十六条 机动车发生交通事故造成人身伤亡、财产损失的，由保险公司在机动车第三者责任强制保险责任限额范围内予以赔偿；不足的部分，按照下列规定承担赔偿责任：

（一）机动车之间发生交通事故的，由有过错的一方承担赔偿责任；双方都有过错的，按照各自过错的比例分担责任。

（二）机动车与非机动车驾驶人、行人之间发生交通事故，非机动车驾驶人、行人没有过错的，由机动车一方承担赔偿责任；有证据证明非机动车驾驶人、行人有过错的，根据过错程度适当减轻机动车一方的赔偿责任；机动车一方没有过错的，承担不超过百分之十的赔偿责任。

交通事故的损失是由非机动车驾驶人、行人故意碰撞机动车造成的，机动车一方不承担赔偿责任。

【扩展阅读】

在美国打赢交通官司[①]

11月，美国新泽西州的天下着小雪，晚上10点，路上已是车稀人少了。我听着音乐，一路开车疾驰。快到一个十字路口时，前面的信号灯“啪”地由绿转黄。停与不停，正犹豫呢。一看右边那条道上的车也没减速的意思。心一横，过！

刚进路口，右边那家伙突然急刹车，停住了。到了路口中间我才发现，一辆警车守在路边，显然那家伙是看见警车吓停了。而我的视线被他的车挡住了，这会停车也迟了，干脆走吧。这警察看来是守了半天也没钓到鱼，警灯一

①李江：《在美国打赢交通官司》，载《社区》2006年第06期，第47-48页。在此特向作者致谢。

转,忽地就跟上来了。我赶紧将车靠边停下。

一位黑人警察走上前来,右手警惕地按在枪套上。我摇下车窗:“晚上好。”

“有什么急事吗?”

“是啊,刚从实验室下班,急着回家。”我回答道。

“驾照带了吗?”

我把驾照、保险等一一递上。他示意我坐在车里等着。等了足有10分钟,他过来把驾照等递还给我(估计是与总部核查完我的身份),对我说:“以后开车要多注意安全,注意信号灯。”我赶忙点头称是,直喊谢谢。他带着微笑离开后,我才发现多出一张纸。拧开灯细看。其他乱七八糟的看不清,只有那罚款$80特别醒目,这就是传说中的罚单。一想,觉得不对劲儿了:我闯的只不过是黄灯。

我打开车门,他也正开门下车朝我走来,显然他看我不走有事。

他先开口:“有什么问题吗?”

我晃晃手中的纸条,问:“你给我的是罚单？我没闯红灯!”

他肩一耸、手一摊说:“是的,如果你不满意我们的处罚,可以将最后一页填上按地址寄出,然后让法庭来评判我们谁对谁错。”

一想到上法庭打官司,我心里没谱了。活了30年还从没上过法庭,对法庭的认识全都是从电视电影上见到的。真的怎么个玩法,一点也不知道。就这样上洋法庭,和洋人打官司,行吗？回家后我赶紧找精于此道的朋友咨询,结论是两条:1.美国的法庭不偏袒警察;2.按他的经验来看,该案子的胜诉率大于50%。这么一来,我信心大增,打吧,输了也值,长点见识,好歹上法庭去看看,回国后多一项吹牛的资本。况且上交通法庭既不用请律师也不用花钱,就是输了也不会抗拒从严、增加罚款。

那张单子寄出后10天,我收到一封法院的回信。大意是说:这个案子法院已接受了,但如果我现在反悔还来得及,只要缴纳罚款就可以了。如果还没有改变主意,就请静候法院的开庭通知。

一晃一个月过去了,一点动静没有。我心想对方肯定是自觉理不足,撤诉了。没想到,又过了一个月后,法院的开庭通知到了:×月×日×时,在西区法院大楼的×××法庭开庭审理此案。

开庭的那天,我提前10分钟到达。走进法庭时,发现至少已有十几人坐在里面了。见到有那么多“垫背”的,我心里踏实多了。登记过后,我在前排找到一个空位坐了下来，以便学学其他人是怎样应诉的。

对面的法官席前排坐着一位女士，像是法官助理，一人面前一台打字机，法官席空着。原告席上一位30多岁西装笔挺的男子，腰板挺直，看来是警方代表。再看看我身边这十几位男男女女，人手一张罚单，有的还拿着讲稿、照片、示意图等等，个个神情庄重。我后悔没多做点准备，看来只好靠我这三寸不烂之舌随机应变了。

开庭时间一到，“呼啦”一声，所有人都站起来了，我也跟着站起来。我这才发现，从法官席旁边的小门里走出一位穿黑袍子的大胖子，一看就知道这是法官，跟电视上的法官简直是一模一样。

开始审案子了。第一位先生准备充分，备有照片数张，还有示意图，以说明当时一辆大车挡住了视线，所以没看见红灯。可他真不运气，法官满脸微笑地挡回了他的申辩。一个小时，过了9个。正好1/3驳回，1/3撤销罚单，1/3各打五十大板——罚100美元的改为罚80美元。

轮到我时，我赶紧定定神，来到被告席。验明正身之后，法官助理问我是不是基督徒。我对耶稣的了解属于刚“扫盲”的水平，只知道他曾经和12个学生吃过一次饭，事后其中的一个学生出卖了他，后来他就被钉到十字架上去了，于是西方国家每年多了一个节日，其他的一无所知。但眼下，为了简单起见，也为了“随大流”，我赶紧答“是”，然后把手放在圣经上起誓，表示自己接下来说的全都是真话。

首先由法官念当时的事发经过，接着问我有无异议，有无补充。我表示没有之后，他让我解释一下当时为什么不及时停车。我说：“当信号灯变换时，我离停车线太近了，加上我的车速太快，所以……”

“等等，”法官打断我的话，“你刚才说车速太快，多少？”

“大约55英里（来之前我研究过，这段路的限速是55英里，我的罚单上记录着我的速度也是55英里）。”

“哦，这没超速。”

“在当时的情况下，如果刹车的话，必然是停在十字路口中间了，而且很可能造成车辆侧滑翻倒，危及我的人身安全。况且当时交叉及对面方向的路上既没行人也没车辆，所以我认为尽快离开十字路口是比较好的选择。事实上，当我完全驶过斑马线时，信号灯仍然没有转为红灯。”

法官显然注意到罚款理由那一栏上写着：黄灯时没及时停车。他点了点头，问道：“你说离停车线太近，是什么概念？”

“大约2～3米。”

法官转过脸去，问那位警官：“你有什么要说的吗？”

警官把脸一扬，说：“他说的不对，他当时应该能停住而没停。因为当时有辆并行的车，还略前于他都停住了，而他却没停，是有意冲灯。”警官反问我：“你能解释为什么吗？”

我还真没想到警官手里有如此详细的记录，一下不知如何应对。

“他的问题我需要回答吗？”我故作镇静地问法官。

“当然。”

“好吧。”我一本正经地回答：“我为什么没停刚才已经解释过了。他为什么能停，我不知道，你应该去问他。但是我知道一点，他的车虽停住了，但整个车身都出了停车线，而警察却没有给他开罚单。”

警官略显尴尬，对我没能停住车仍表示异议，但对我陈述的事实予以认可。

接下来法官做了结案陈词：“这位先生行车至十字路口，变灯了。由于冬天下雪路滑，车速较快，但没有超速，无法在停车线前面停住车，而这时道路是通畅的，他只好开过去了。”

法官稍停顿了一下：“我认为这位先生给出了很好的解释，没有处罚的理由。”说完他敲了一下手中的法槌。接着，法官把案卷夹一合，微笑着对我说：“忘了它，下次开车请注意交通指示灯。祝你愉快，先生。”

来得如此之快的胜利让我一点思想准备都没有，我连事先准备好的种族歧视之类的理由（这可是在美国打官司的撒手锏）都没用上。我向法官道谢后，赶紧开车离开了这是非之地。当然，这次我是小心翼翼地按交通指示灯行驶的。

第六单元　交通肇事罪面面观

——基于实践中疑难问题的解决

【精讲精析】

在越来越多的人都积极跨入“有车一族”行列的同时,交通事故的数量亦呈连年上升趋势。“交通事故猛于虎也!”有人循着孔子的表达逻辑发出了这样的感慨。的确,在构建和谐社会的今天,交通事故俨然成为最大的杀手,吞噬了一个又一个鲜活的生命,而这些生命原本是不该谢幕的。据统计,我国每年死于交通肇事者在10万人以上,交通肇事犯罪案件的数量在整个刑事案件中已经跃居第4位,全国每年大约有7万多件。从上世纪末的河南某公安局局长交通肇事付出生命代价,到21世纪初以来的黑龙江宝马撞人案、四川孙伟铭酒驾案件、药家鑫交通肇事后杀人案以及河北“我爸是李刚”事件等一系列影响型案件,使得交通肇事罪这一刑法典中的普通一员受到了格外的关注,与相关罪名的区别、转化等专业范畴的话题也成为街头巷尾甚至田间地头的议题。在刑法理论中,交通肇事罪是一个非常典型的过失犯罪,为此,学界还赋予它一个“过失之王”的美称。

一、如何准确认定交通肇事罪

讲到犯罪就不能不谈犯罪构成要件。所谓交通肇事罪,是指违反交通运输管理法规,因而发生重大事故,致人重伤、死亡或者使公私财产遭受重大损失的行为。一般来说,交通事故罪的构成要件是易于掌握的:该罪主体是一般主体,可以是从事交通运输的人员,也可以是其他人员;客体是交通运输安全,属于公共安全的组成部分;主观方面是过失,但是交通事故后逃逸的情况除外;客观方面是违反了交通运输管理法规,主要是《道路交通安全法》,并且实施了交通肇事行为,发生了严重后果,包括致人重伤、死亡或者使公私财产遭受重大损失的后果。但是,根据司法实践可知,在具体认定交通肇事罪时,也面临着很多疑难问题。

(一)行人能否成为交通肇事罪主体

刑法中设立交通肇事罪,强调的是违反交通规章制度的行为对公共安全的危害,而不是交通工具本身或者行为人本身对公共安全的危害。行人违章虽然没有利用对公共安全具有高度危险的交通工具,但其违章行为本身在特定情况下能造成不特定多数人的伤亡或财产损失,对公共安全具有现实危险性。例如,如果一个行人突然出现在车辆来往密集的高速公路上,由于汽车时速较高,驾驶人员为了避让该行人,转向时与其他车辆相撞致死伤多人的,此时,行人负事故全部责任。

在处理交通事故中,确定交通违法行为作用的大小是认定责任大小的依据,而作用大小又是根据路权原则和安全原则确定的,几乎所有的交通事故责任认定都离不开这两个原则。路权原则是认定交通事故责任大小的根本原则,在交通事故责任认定中起主导作用,当违反路权原则的违法行为与违反安全原则的违法行为共同作用发生事故时,前者应负主要责任。当事人在交通事故中违反安全原则,通常是由于某种过失,多数表现为应注意、能注意而疏忽大意没有注意,或过高估计了自己的能力。一般来说,当事人的过错越大,应承担的事故责任也越大。

(二)超越刑法理论的交通肇事罪共犯

我国《刑法》第25条规定:“共同犯罪是指二人以上共同故意犯罪。二人以上共同过失犯罪,不以共同犯罪论处;应当负刑事责任的,按照他们所犯的罪分别处罚。”交通肇事罪作为典型的过失犯罪,是现代社会中发案率最高的过失犯罪。按照《刑法》的规定,交通肇事罪不存在共犯的问题。然而,正因为交通肇事罪发案率高,危害大,最高人民法院“为依法惩处交通肇事犯罪活动”,于2000年11月颁布了《关于审理交通肇事刑事案件具体应用法律若干问题的解释》(以下简称《解释》),其中第5条规定,交通肇事后,单位主管人员、机动车辆所有人、承包人或者乘车人指使肇事人逃逸,致使被害人因得不到救助而死亡的,以交通肇事罪的共犯论处。《刑法》属于国家基本法,与司法解释两者之间的法律位阶高低不言而喻。然而,明显与基本法内容冲突的司法解释,竟然在司法实践中畅行无阻,不能不说是一种遗憾。在此,我们分三种情形探讨可能存在“共犯”的问题。[①]

①赵星潘、铁伟:《交通肇事罪共犯问题研究》,载《甘肃社会科学》2011年第6期。

1.单纯强令违章驾驶交通肇事共犯问题。在我们的日常生活当中，确实存在一些非驾驶人员利用手中所拥有的对交通工具的支配权以及相对于驾驶人员的优势地位，以辞退或扣发工资为逼迫手段，强令或者指使机动车辆驾驶人员违章驾驶，从而导致交通事故频繁发生，甚至还存在劫匪用枪支刀具等暴力手段胁迫车辆驾驶人员违章驾驶的情况。依据我国《刑法》的规定，这些非驾驶人员虽然并未直接参与到交通运输活动过程中，但依法可以成为交通肇事罪的主体，只要其行为符合交通肇事罪的犯罪构成便可以成立交通肇事罪。《解释》第7条肯定了单位主管人员、机动车辆所有人、机动车辆的承包人等人员可以构成交通肇事罪，是对《刑法》内容的细化与重申，符合社会生活的实际情况，是可行而且必要的。因此，上述人员如果存在单纯强令机动车辆驾驶人员违章驾驶从而致使交通肇事的情况，指使人员与机动车辆驾驶人员应当负法律责任的，则按照交通肇事罪各自分别处罚。

2.单纯指使逃逸共犯问题。为了理解上的方便，我们将交通肇事犯罪依照犯罪构成要件从整体上划分为两个阶段，即行为人违章致使交通肇事阶段和发生交通肇事后的逃逸行为阶段。在违章肇事阶段，行为人对于因违章违法驾驶行为而导致的严重社会危害结果，或者是由于疏忽大意而没有预见，或者是已经预见但轻信能够避免，行为人所持的主观心理态度为过失，交通肇事犯罪侵犯的客体是交通运输安全与公共交通秩序或者说是公共安全。在交通肇事后逃逸行为发生的阶段，行为人逃逸的目的是为了规避法律责任以及救助义务，主观上为明显的故意心理。逃逸犯罪行为侵犯的客体不再是公共安全，而是转化为特定人员的生命安全、身体健康和财产安全。因此，两个阶段是既相互联系又相互独立、区别的不同形态。

上述人员如果存有单纯指使逃逸行为的情况，由于指使逃逸者在交通肇事阶段并未有任何的过错与故意，也没有任何违法行为，更没有造成任何社会危害结果，不具有刑事违法性和社会危害性，也就不具有刑罚处罚性。对于指使逃逸者而言，其仅仅是在交通肇事后的指使逃逸行为发生阶段存在主观上的过错，指使者主观方面属于故意范畴，由于指使人员在前一阶段是“置身事外”，故其教唆逃逸的目的是为了使他人逃避法律的追究与制裁，指使人员实施了指使、教唆逃逸的犯罪行为。而仅以指使人员在逃逸阶段与机动车辆驾驶人员存在共同故意，就认为指使人员具有交通肇事犯罪整体的共同犯罪故意，是以偏概全的不合理推定，其依据也是苍白无力的。故此，单纯指使交通肇事者肇事后逃逸的行为不符合交通肇事罪的犯罪构成，依法不成立交通肇事罪，更不应该“以交通肇事罪的共犯论处”。

当然，我们不提倡对单纯指使肇事者逃逸的指使人员以交通肇事罪或者交通肇事罪的共犯课以刑罚，并不意味着放弃处罚犯罪。事实上，对指使者以包庇罪定罪处刑岂不更为令人信服？或者也可以根据《刑法》的相关规定，以另外罪名定罪处罚。如果指使人员指使肇事者以积极的作为行为隐藏或者遗弃被害人的，完全可按照故意杀人罪或者故意伤害罪定罪处罚。这种情况下，指使逃逸者和被指使逃逸者是可以成立共同犯罪的。

3.既指使违章驾驶交通肇事，后又指使逃逸共犯问题。除了上述两种情况外，实践中还可能出现指使人员既指使违章驾驶致使交通肇事，又指使驾驶人员逃逸的双指使情况。对此，我们又该做何判罚呢？我们认为，既指使违章驾驶致使交通肇事，又指使逃逸的犯罪行为，也可以划分为两个阶段进行剖析：

第一阶段为指使违章驾驶导致交通肇事，之前我们已经分析过，指使人员和驾驶人员各自行为都符合交通肇事罪的犯罪构成，依法分别以交通肇事罪论处。

第二阶段则为交通肇事后逃逸犯罪行为，此时指使人员和驾驶人员在逃逸犯罪行为上属于典型的共同犯罪行为。然而，鉴于我国交通肇事后逃逸行为尚未独立成罪，第二阶段的逃逸行为依法应作为第一阶段，即交通肇事阶段的法定量刑情节处理。

对于直接驾驶人员而言，交通肇事后又逃逸的行为应依照《刑法》第133条的规定，处以交通肇事罪；而双指使人员则属于从头到尾的“机动车辆实际控制者”，视同为车辆的直接驾驶人员。其在第一阶段的指使违章驾驶致使交通肇事行为已然构成交通肇事罪；在第二阶段中，指使人员因其第一阶段的指使违章驾驶行为已然“深陷其中”，其教唆逃逸不仅仅是为了使驾驶人员逃避法律责任，同时也是为了使得自己逃避法律责任和制裁，符合《解释》规定的“为逃避法律责任而逃跑”的情形，因此，指使逃逸行为应作为双指使人员的交通肇事行为的加重情节，在交通肇事罪范畴内定罪处罚。

（三）交通肇事罪中几种“逃逸”行为分析①

1.将受害人送到医院后逃跑，是否属于交通肇事逃逸？朱某驾车行至某加油站附近，因过度疲劳，车辆驶入左侧行车道，将行人王某撞倒并碾压，致其重伤。朱某及时将王某送至医院抢救，但得知王某经抢救无效死亡后，逃离医院

①喻贵英：《交通肇事罪中四种“逃逸”行为之认定》，载《法律科学（西北政法学院学报）》，2005年第1期。

到外地躲避。不久,朱某被抓获归案。检察机关指控朱某违章驾驶,对交通事故负全责,且造成一人死亡,其行为构成交通肇事罪,并且肇事后逃逸,应在3年以上7年以下有期徒刑的幅度内量刑。根据《解释》规定,并非只有为逃避法律追究逃离事故现场的才属于交通肇事逃逸,即便将被害人送至医院或者呼叫警车到现场后,为逃避法律追究而逃跑的,也属于交通肇事逃逸。本案中,朱某在发生交通事故后,及时将被害人送到医院,虽然积极履行了救助义务,但之后并没有立即投案,而是逃到外地躲避,显然是为了逃避法律责任,应属于交通肇事逃逸。

2.交通肇事后逃离现场又自动投案,是否属于交通肇事罪的"逃逸"?被告人张某,36岁。2004年8月28日20时许,张某酒后无照驾驶报废面包车至北京市某路口时,将同向行走的行人安某撞倒,未停车,逃离现场。后于当日21时15分左右到某派出所投案。与安某同行的师某(安某之妻)事发后用手机报警,安某被送往医院抢救,因伤势过重,于2004年9月1日死亡。本案中,张某的行为构成交通肇事罪没有异议,但对张某交通肇事后逃离现场又自动投案的行为是否属于交通肇事后的逃逸行为,存在着两种不同意见。第一种意见认为,张某的行为属于《刑法》所规定的交通肇事后的逃逸行为,情节恶劣,应当加重处罚。至于其逃跑后又投案的行为,仅仅是量刑时考虑的一个从轻情节,并不影响交通肇事后逃逸的成立。第二种意见认为,张某的行为不属于交通肇事后的逃逸行为,不能加重处罚。理由是:张某虽然在交通肇事后逃离现场,但很快又到公安机关投案,其主观上并没有逃避法律责任的目的。我们认为,交通肇事后的逃逸应当以发生交通肇事后,不履行法律规定的义务,特别是救助义务而逃离现场为条件。至于其逃逸后因畏惧法律或者其他原因又投案自首的,只是一个从轻处罚的情节,不能成为否定其肇事后逃逸的理由。这就如同一个杀人犯畏罪潜逃数年后又投案自首一样,逃逸是事实,投案自首也是事实,不能因为其投案自首就否认畏罪潜逃的事实存在。就本案而言,张某违反交通管理法规,发生交通事故后,不履行法律规定的救助义务而逃离现场,其行为已经构成交通肇事逃逸,应当按照《刑法》规定加重处罚。至于其后来又投案自首的行为,可以在量刑时给予适当的从轻考虑。

3.不确定导致交通事故而离开,是否构成交通肇事逃逸?2009年10月29日晚,刘某驾驶一辆普通货车在超越同方向前方叶某驾驶的二轮摩托车时,与之发生刮擦。刘某在不确定已发生交通事故的情况下驶离现场,继续向前行驶了10公里左右后又返回现场查看是否撞到了人。当时看到现场有交通事故勘察车、救护车，便停车与同车的另外两个人一起查看其车辆，没有发现刮擦痕迹，便驾车离开了现场。叶某因抢救无效死亡。事后在交警调查核实时，刘某主动到公安机关如实交代了案发经过。本案中，刘某是否构成交通肇事逃逸呢？

交通肇事逃逸的构成条件主要有：(1)肇事人知道自己造成了交通事故，即行为人在逃逸时必须明知自己的行为导致了交通事故的发生，这是行为人的主观认知因素；(2)主观上是为了逃避事故责任，逃避法律的追究；(3)客观上实施了逃离事故现场，不向公安机关报案的行为。本案中，刘某在不确定已发生交通事故的情况下驾驶车辆驶离现场，后又返回现场查看是否撞到了人。看到现场有交通事故勘察车、救护车，便停车与同车的人一起查看车辆，没有发现刮擦痕迹，便驾车离开了现场。这足以说明刘某不确定自己的车辆是否发生交通肇事，不能构成“明知”的故意。事后，刘某在交警调查核实时主动到公安机关如实交待案发经过，也足以说明被告人刘某没有逃避法律责任的意图。因此，本案不能构成交通肇事逃逸。

4.交通肇事后找人冒名顶替，是否属于逃逸？中国历史上历来有代人受过的事例，在交通事故领域也不乏个案。有这样一个真实的案例：2010年3月19日下午，被告人李某急于用车送人，就找到被告人陶某，陶某因饮酒不敢驾车，就让李某驾驶其轿车。李某倒车时因操作不当，将路边闲聊的曾某、张某撞伤，随送往医院救治，但事故造成张某严重受伤，曾某腹腔脏器破裂，失血休克，经抢救无效死亡。事后，李某因妻子怀孕待产怕被追罪不能对妻子进行照顾，就把同村的马某叫来，陶某、李某、马某三人商议后，统一口径由马某顶替李某承担交通事故的刑事责任。陶某、李某在家料理伤亡者的赔偿事宜，之后三人到交警部门进行了虚假供述，致使交警部门误将马某认定为承担全部责任的交通肇事者，并对马某采取了强制措施，将马某以交通肇事罪移送审查起诉。2010年9月29日该案案情查清后，交警部门重新进行了事故责任认定，认定李某应负此起事故的全部责任。

本案中，对于犯罪嫌疑人李某涉嫌交通肇事罪、陶某涉嫌伪证罪、马某涉嫌包庇罪没有任何争议，但关于犯罪嫌疑人李某的行为是否属于交通肇事后逃逸行为，则存在较大争议。一种意见认为，李某交通肇事后没有逃跑，并把受害人送往医院救治，虽然事后找人顶替，但并不属于交通肇事后逃逸。一种意见认为，李某明知自己的行为造成了重大交通事故，为逃避法律责任而逃离现场，应认定为交通肇事后逃逸。

在本案中，李某在交通肇事后找人顶罪，事实上就是将自己的交通肇事犯罪行为由他人顶替，由他人来替自己承担交通肇事的法律责任。交通肇事后找人顶罪的行为通常具有以下特征：(1)行为人的主观目的是为了使自己不受法律追究；(2)由顶替人向交警部门做虚假供述，承认自己是交通肇事的行为人，目的在于包庇罪犯，意图使行为人逃避法律追究；(3)一般情况下，行为人与顶替人有利益关系。在本案中，李某找人顶罪行为的本质特征是逃避法律责任。在交通事故发生后，李某联系朋友，预谋顶罪事宜，使顶替行为得以实现。即使当时在事故现场徘徊或者逗留，面对交警的询问，他也不会讲清事故的真实情况，因此，这种行为就是"逃跑"。如果仅将逃逸界定为逃离现场，那么会影响对这类犯罪行为的惩处。事实上，最高人民法院《解释》的原意并不是具体的"逃离现场"，而是抽象的"逃跑"，可见最高人民法院并没有把是否在"现场"作为硬性要件，而"逃跑"的手段与形式就多种多样了。因此，只要是在肇事后为逃避法律追究而采取的任何行为，都应视为"交通肇事后逃逸"。李某找人顶罪的行为主观上是为了逃避法律责任，客观上实施了"逃跑"的行为，符合"交通肇事后逃逸"的构成要件，应认定为"交通运输肇事后逃逸"。

5.交通肇事逃逸须分清责任。黄某和家人吵架后，打车来到路边，赌气躺在公路上，林某驾车经过此处，看见有人挥手拦车，但并未引起足够注意，以致躲闪不及撞上黄某，致其死亡。黄某亲属认为，林某驾车逃逸，应负全责。本案中，黄某躺在车行道内的行为违反了《道路交通安全法实施条例》相关规定，而林某在发生交通事故后逃逸，其行为违反《道路交通安全法》的有关规定。《道路交通安全法实施条例》规定，发生交通事故后当事人逃逸的，逃逸当事人承担全部责任。但是，有证据证明对方当事人也有过错的，可以减轻责任。因此，林某可相应减轻事故责任。

(四)在公共交通管理范围以外的场所使用交通工具致人死亡的行为应该如何定性

根据最高人民法院《解释》第8条的规定，在实行公共交通管理的范围内发生重大交通事故的，依照《刑法》第133条(交通肇事罪)和本《解释》的有关规定处理；在实行公共交通管理的范围外，驾驶机动车辆或者使用其他交通工具致使人员伤亡或者致使公共财产或他人财产遭受重大损失，构成犯罪的，分别依照《刑法》第134条(重大责任事故罪)、第135条(重大劳动安全事故罪)、第233条(过失致人死亡罪)等规定定罪处罚。

二、交通肇事中可怕的“轧伤不如轧死”现象

药家鑫案件[①]可能是大家最熟悉不过的案件了。作为大三学生,将人撞伤后竟以“农村人难缠”为由连捅八刀将对方置于死地,该案引发了全民大讨论。虽然药家鑫受到了极刑处罚,但是并没有起到应有的警诫效果,药家鑫离开了这个世界,“药家鑫”们仍在诞生,他既不是前无古人,更不会后无来者,这是社会的悲哀之处。

近年来发生的交通肇事案件中,一些肇事者认为“与其轧伤不如轧死”,因此引发丧尽人伦的把人撞伤后又倒车碾压的现象。为什么会是这样呢?首先,这种现象源于现行立法的规定。现行司法解释规定,交通肇事致人残疾者,需赔付医疗费、护理费、被扶养人生活费以及伤残人员的残疾用具费等其他费用。这其中的医疗费以及伤残人员的残疾用具费是最让肇事司机所担忧的,因为这不仅意味着肇事司机需要承担被害人下半辈子的医疗费用,而且随着患者年龄增大,身体衰弱,医疗费用会逐渐增加。这对于肇事司机无疑是个无底洞般的债务。因此,肇事司机便铤而走险。

然而,他们的如意算盘真能如愿么?稍微懂点法律常识的人都能看出,肇事司机二次碾压的行为不仅不可能达到其所希望少赔偿的目的,还使其遭受更为严厉的故意杀人的刑罚处罚。“轧伤不如轧死”诚然是个错误的认识,是种罔顾他人生命、缺乏道德良知的认识。这种认识仅仅在司机发生交通肇事后,致人伤残或死亡给予被害人赔偿数额的对比中有一定的“正确性”。除此之外,轧死人所受到的惩罚均远远大于轧伤人。但为什么这一点点的“正确性”被无限放大,甚至成为社会中一部分成员的统一认识,使得一部分司机基于这种认识枉杀了多少本能得到有效救助的生命呢?造成这种错误认识仅仅是因为肇事者对法律、法规的错误解读吗?

我们认为,频发这种泯灭良心的行为,立法难辞其咎。现行交通肇事赔偿标准的立法显然违反了公平正义的要求,给社会成员提供了一个错误的指引。生命权大于健康权,这是社会成员的统一认识,也是公平正义的必然要求。但反映到赔偿数额上,反而致人残疾的赔偿金多余致人死亡的赔偿金,对

---

①本案案情如下:2010年10月20日晚,西安音乐学院大三学生药家鑫开车撞伤一名26岁女子,因担心自己的车牌号被对方记下,药家鑫持水果刀朝对方连捅8刀,致其死亡。之后,药家鑫自述杀人是“怕撞到农村的人,特别难缠”。本案经媒体报道后,旋即引起全民大讨论。

肇事者的惩罚居然是致人残疾的惩罚更为严重,与此相对应的对肇事者的威慑,显然是致人残疾更为强大,这明显是不合理的。公民的生命和健康孰重孰轻,这是不言而喻的,为了保障最为重要的生命权,反映在立法上,就要确保突出生命权的神圣不可侵犯,加大对侵犯生命权的打击力度,引导社会形成尊重他人生命的氛围,而不是片面强调健康权等生命权的附属权利的重要性,逾越价值位阶,给社会造成错误的指引。

三、走出交通肇事后的误区

鉴于驾驶日益成为人们必修的生活技能,笔者想再一次告诫驾驶员们,一旦交通肇事,要勇于正视和面对,要从一些认识误区中走出来。

(一)肇事逃逸

肇事逃逸多发生在夜晚或车少人稀的路段。当交通事故发生后,肇事驾驶员往往利用夜色做掩护,或自认为无人发觉,逃离事故现场,以逃避因肇事而承担的责任。

(二)嫁祸于人

一些驾驶员在肇事后,因担心承担经济责任、法律责任、行政责任,就故意伪造或破坏事故现场。如改变伤者的倒地位置,造成其他车辆碰撞、碾轧肇事的假象,或制造伤者不慎自行跌倒的假象,以达到推卸责任的目的。

(三)抛尸匿迹

有些驾驶员在交通肇事致人死亡后,为逃避自己应承担的责任,就趁夜色或他人不注意,将死者搬到自己的车上,运送到另一条小道或荒郊野外抛尸匿迹,给案件侦破增加难度。

(四)故意杀人

有些驾驶员将他人撞成重伤后,因害怕承担高额医疗费用,就故意倒车从伤者身上轧过去,或用扳手、石块等物将伤者活活打死。

(五)破坏现场

有些驾驶员在肇事后,本来不负事故责任或仅负事故次要责任,但因担惊受怕而忽视了保护事故现场,或擅自移动车位,致使事故现场遭到破坏,事故处理机关无法对事故责任进行认定,便根据《道路交通事故处理办法》(以下简称《办法》)的有关规定,判定驾驶员负事故同等责任或全部责任。

(六)移花接木

有的肇事者为逃避法律制裁、行政处罚,逃脱或减轻事故赔偿责任,就移花接木，找他人做替罪羊。如甲某无证驾车肇事，但在事故调查处理时，甲与乙串通，说是持有效证件的乙某驾车肇事，既逃脱了事故责任，又骗取了保险赔偿金。

（七）匿名报案

有些驾驶员知道肇事逃逸会加重责任，但对伤者尚存爱心，在肇事后能将伤者送往医院，但仍怕承担责任，在医院内不及时叫医生抢救，而偷偷溜走，并且溜走后也不主动向公安机关报案，只用公用电话告知交警部门说有个伤者在医院抢救，结果导致伤者死亡，这种行为也属于肇事逃逸。因为，肇事驾驶员没有积极参与抢救伤者，没有配合交警部门对事故进行责任认定。①

【典型案例】

在物流中心驾车致人死亡是否构成交通肇事罪？

2008年8月24日，倪某驾驶一辆重型普通半挂货车到某物流中心洗车。该物流中心是集修车、洗车、货物配载于一体的服务中心。倪某驾驶车辆，在既没有下车观察车后状况，也没有获得他人帮助引导的情况下倒车，将车后年仅5岁的王某撞倒，致王某当场死亡。经交管部门认定，倪某负该起事故的主要责任。

对于本案中倪某的行为定性有两种意见：第一种意见认为，倪某的行为构成交通肇事罪，其理由是该物流中心属于公共交通管理范围；第二种意见认为，倪某的行为构成过失致人死亡罪，其理由是倪某是在物流中心撞倒王某并致其死亡的，而该物流中心不属于公共交通的管理范围，所以倪某的行为不构成交通肇事罪，只能以过失致人死亡罪追究其刑事责任。

【以案说法】

交通安全法应清晰界定“道路”

本案分歧焦点是该物流中心是否属于公共交通管理范围。根据最高人民法院《关于审理交通肇事刑事案件具体应用法律若干问题的解释》（以下简称《解释》）第8条的规定，只有在实行公共交通管理的范围内发生重大交通事故

①疏泽民：《走出交通肇事后的误区》，载《交通安全》，2005年第6期。

的,才可能构成交通肇事罪,如果在公共交通管理的范围外,驾驶机动车辆或者使用其他交通工具致人伤亡或者致使公共财产或者他人财产遭受重大损失,构成犯罪的,应当分别依照重大责任事故罪、重大劳动安全事故罪、过失致人死亡(重伤)罪的规定追究刑事责任。对于本案,笔者同意第一种意见,认为该物流中心属于公共交通管理范围,故应当以交通肇事罪追究倪某的刑事责任。所谓交通肇事,是指在交通领域,违反交通运输管理法规,因而发生重大事故,致人重伤、死亡或者使公私财产遭受重大损失的行为。那么,什么是交通领域,我国《刑法》没有明确具体的规定,只是用"违反交通运输管理法规"以做提示。最高人民法院《解释》第8条提出以是否在公共交通管理的范围内来区分是否构成交通肇事罪,但对什么是公共交通管理没有做进一步的解释。

笔者试从以下几个角度对此谈一些粗浅的看法,以求证公共交通管理范围之真谛。

从公共交通管理的场所看,所谓"公共",其基本特点是排除私有的属性,具有开放性和人员的相对不确定性,如人们通常所说的公共场所等。显然,人员固定、空间狭小的私有独立院落不属公共的范围。根据《道路交通安全法》第119条第1项的规定,该法所称的"道路",是指公路、城市道路和虽在单位管辖范围但允许社会机动车通行的地方,包括广场、公共停车场等用于公众通行的场所。但是,法律条文不可能穷尽所有情形,现实生活中还有许多地方,如居民小区、商业街区、企事业单位大院、学校、公园等,虽然不属于上述道路的范围,但也具有完全公共或部分公共的属性,在这些场所进行的交通活动,同样具有公共交通管理的属性。本案中的物流中心因为具有这样的开放性和人员不确定性特征,所以应当属于公共交通管理的范围。

从公共交通管理的主体看,公安交通管理部门作为政府职能部门,承担着管理公共交通的职责,但警力毕竟是有限的,只能投放到公共交通管理的主要场所——道路上。很多社会基层组织、企事业单位的内部治安保卫部门都担负了维护本辖区、本单位交通秩序,确保内部交通安全的责任。虽然该物流中心现时还没有统一的管理主体,但是其和"道路"、企事业单位内道路的功能定位是一样的,所以该物流中心也应有其管理主体,否则随着物流、交通的发展,物流中心的安全将无法得到保障。显然,将其排除在公共交通安全管理的主体之外,势必会造成消极的社会影响。

从公共交通管理的目的看,加强公共交通管理是为了维护公共交通安全。所谓公共交通安全,通常是指不特定多数人和车辆的交通安全。本案例中的物流中心，虽然与外面的街道有一门之隔，但不可否认其属于公共场所，因为该物流中心是集修车、洗车、货物配载于一体的服务中心，其服务对象的不特定性决定了可以出入、往来的人员和车辆并不相对确定，这一点也完全符合公共交通管理范围的特征。

从公共交通管理的对象看，任何参与公共交通活动的人员和交通工具都属于公共交通管理的对象。汽车的高速运动特性会对周围环境造成威胁，国家对汽车及其驾驶人员实行严格的管理，这种为避免造成公共危险而实施的严格管理，并不会因为汽车没有在狭义的道路上行驶而失去其公共管理的属性。本案中，倪某驾驶的车辆虽然没有在《道路交通安全法》上所列明的“道路”上行驶，但这并不能否认驾驶人员和交通工具同属于公共交通管理对象的范畴，相关人员和车辆应当自动纳入公共交通管理。

从公共交通管理的依据看，所有维护交通秩序，保障交通安全的法规、规章和规则，都是公共交通管理的依据，交通违章行为是构成交通肇事罪的基础。在本案中，倪某驾驶车辆进行倒车时违反车辆通行的一般规定，倒车前既没有下车观察确认安全，也没有获得他人的帮助。倪某的盲目倒车行为违反了交通运输管理法规，其违章行为也是构成交通肇事罪的必要条件。

基于以上看法，笔者认为倪某的行为违反交通运输管理法规，驾驶车辆在具有开放性和人员相对不确定性的物流中心倒车，发生重大事故，致人死亡，应当以交通肇事罪追究其刑事责任。

【法条链接】

中华人民共和国刑法

第一三三条　违反交通运输管理法规，因而发生重大事故，致人重伤、死亡或者使公私财产遭受重大损失的，处三年以下有期徒刑或者拘役；交通运输肇事后逃逸或者有其他特别恶劣情节的，处三年以上七年以下有期徒刑；因逃逸致人死亡的，处七年以上有期徒刑。

最高人民法院《关于审理交通肇事刑事案件具体应用法律若干问题的解释》

第二条　交通肇事具有下列情形之一的，处三年以下有期徒刑或者拘役：

(一)死亡一人或者重伤三人以上，负事故全部或者主要责任的；

(二)死亡三人以上,负事故同等责任的;

(三)造成公共财产或者他人财产直接损失,负事故全部或者主要责任,无能力赔偿数额在三十万元以上的。

交通肇事致一人以上重伤,负事故全部或者主要责任,并具有下列情形之一的,以交通肇事罪定罪处罚:

(一)酒后、吸食毒品后驾驶机动车辆的;

(二)无驾驶资格驾驶机动车辆的;

(三)明知是安全装置不全或者安全机件失灵的机动车辆而驾驶的;

(四)明知是无牌证或者已报废的机动车辆而驾驶的;

(五)严重超载驾驶的;

(六)为逃避法律追究逃离事故现场的。

【扩展阅读】

司法如何获得国民的信赖[①]

——评孙伟铭案判决

这是一起轰动全国、影响极大的案例。

2008年12月14日,孙伟铭无证醉酒驾车,在成都市成龙路先后和四辆小轿车发生撞击,造成4死1伤。2010年7月22日,成都市中级人民法院一审以危险方法危害公共安全罪判处孙伟铭死刑。孙伟铭不服判决并提起上诉。同年9月4日,四川高院对孙伟铭案进行二审。8日上午8点30分,四川省高院二审以危险方法危害社会公共安全罪判处孙伟铭无期徒刑,剥夺政治权利终身。几乎在二审宣判的同时,最高法院立即表达对于判决的支持,并要求今后遇到此类案件将依照此例统一适用法律,均以"以危险方法危害公共安全罪"判处。

尽管本案受害人值得同情,醉酒驾车肇事也亟待加以惩罚和遏制,但是,法院对任何犯罪的处罚都必须严格依据法律,不可混淆有罪与无罪的界限,也不可在此罪与彼罪之间含糊其辞。这是"罪刑法定原则"的要求,更是通过法

① 为了使读者准确界定交通肇事罪与相关罪名的界限,特收录北京大学贺卫方教授的这篇文章供读者参考。本文发表于《西部法学评论》2010年第3期,在此向作者致谢。

治保障人权的制度前提。

遗憾的是，本案的审判正显示出我们的司法决策尚存在着很大的随意性。在一些论者质疑的基础上，我们不妨再做出几点进一步的分析。

“交通肇事罪”与“危害公共安全罪”

本是我国刑法分则第二章的标题，该章涵盖跟危害公共安全相关的40余种罪名，第133条规定的“交通肇事罪”正是其中的一种。严格地说，“危害公共安全罪”并不是一个单独的罪名，而是一种类的概括或曰类罪名。请注意刑法的措辞：

第114条　放火、决水、爆炸、投毒或者以其他危险方法破坏工厂、矿场、油田、港口、河流、水源、仓库、住宅、森林、农场、谷场、牧场、重要管道、公共建筑物或者其他公私财产，危害公共安全，尚未造成严重后果的，处3年以上10年以下有期徒刑。

第115条　放火、决水、爆炸、投毒或者以其他危险方法致人重伤、死亡或者使公私财产遭受重大损失的，处10年以上有期徒刑、无期徒刑或者死刑。（第二款略）

从立法技术而言，这里采取了两类列举，一是对犯罪方法的列举，一是对犯罪对象或客体的列举。看上去有些笨拙，例如仓库很可能也是公共建筑物，不过列举本身就是限制，这也可以理解为显示了立法者力求防止扩大解释的意图。在放火等罪名之后用了“或者其他危险方法”的表述，是因为立法者无法做到穷尽所有犯罪手段，于是只好用这样的兜底或俗称的“麻袋条款”，以便将未列举者包罗其中。当然，这里存在着某种与罪刑法定原则相背离的倾向。所以，如果要将某一种行为纳入其中，需要受到严格的限制。最重要的是，“其他危险方法”必须与本条已经列出者即与防火、决水、爆炸、投毒的危险性相当的危害公共安全的方法。另外的一个不言而喻的限定是，本章已经列有专门罪名的犯罪不得移花接木地纳入本条治罪。例如，刑法有专条规定的交通肇事罪。

第133条　违反交通运输法规，因而发生重大交通事故，致人重伤、死亡或者使公私财产遭受重大损失的，处3年以下有期徒刑或者拘役；交通运输肇事后逃逸或者有其他特别恶劣情节的，处3年以上7年以下有期徒刑；因逃逸致人死亡的，处7年以上有期徒刑。

很明显，从分类学上说，交通肇事罪属于危害公共安全罪的范畴，但除非在某些完全突破交通肇事罪构成要件的情况下，驾驶机动车导致不特定人员死伤的犯罪才可以纳入到危害公共安全罪之中。前最高法院副院长、著名刑法学专家刘家琛主编的一本权威的刑法解释著作举了这样的例子：

承德地区的一个汽车修理工李某，因犯罪误受了处分，心怀不满，在1983年7月的一天，将一辆大卡车开到剧院前，见剧院散场，就驾车向人群冲撞，当场轧死20人，重伤23人，轻伤5人，撞毁自行车29辆。

这的确是一种极端的情况，无疑超越了交通肇事罪的范畴，定为"以危险方法危害公共安全罪"应无异议。但是，孙伟铭案件却与这种情况完全不同。

孙伟铭案完全符合交通肇事罪的要件

买车半年多了，他一直没有办驾照。平常请一名司机开车，同时也学会了开车，于是就经常无照上路。虽然也有过一些违章记录，但万幸尚没有出过大事。那一天，他与父母亲一起参加一位友人的寿宴，喝酒不少。不过，散席后，他还是开车把父母亲送到火车站。离开车站后他的车就有些失控，超过规定时速一倍，与一辆车发生过追尾，但是并未停车，而是超车高速前行，很快就冲过道路中心双实线，与不远处的几辆车撞到了一起，现场一片混乱。头部受伤的他从副驾驶门出来，看到自己闯下的大祸，急忙呼喊，希望围观者中的医生赶快抢救……

现在，站在法庭上的孙伟铭面临着检方的严厉指控，他构成的不是交通肇事罪，而是"以危险方法危害公共安全罪"。无证驾驶、酒后开车、超速一倍多，这些都没有争议。有争议的是最难以确定的被告人的心理状态：他对于最终的危害结果是积极追求或放任其发生，还是应当预见这样的后果但疏忽大意或轻信可以避免？前者就是故意犯罪，或者那种跟过失之间差异极其微妙的所谓"间接故意犯罪"，但后者就是过失犯罪。前者属于可以判处最高达死刑的以危险方法危害公共安全罪，后者则是最高7年刑期的交通肇事罪。

很清楚，无证驾驶、酒后驾车以及超速行驶都是导致交通肇事的常见情节。与此同时，本案中的一些情节足以表明孙伟铭不存在放任危害结果的心理状态。他酒后驾车的目的是送他的父母亲到火车站，如果不是自信可以避免危害，他实际就是完全无视其父母及本人的生命，而检方根本没有证明孙伟铭有此心态。假如事故发生在到达火车站之前，假如其父母也在事故中伤亡，我们是否还如此信誓旦旦地确认孙伟铭属于故意犯罪？在审理中，检方没有提供充分的证据证明，孙伟铭在其父母下车之后心态上有所变化，相反，当发生事故后，孙伟铭呼叫救人的事实却是毫无疑问的。招呼救人意味着他不希望危害结果的发生，也从反面证明对他放任危害发生的指控不成立。

因为有关鉴定证明孙伟铭血液中乙醇含量已经达到醉酒的程度，而醉酒后驾车，控制能力当然就下降，也就是说会出现主观愿望与实际后果之间的差距。例如，对于车速的判断错误，对于某些正常状态下可以觉察的异常情况浑然不觉。如果追尾以及加速行驶都是由于孙伟铭已经处于醉酒后无法自控，那么所谓间接故意也是无从谈起的。人醉酒后的判断力会出现错误，侯宝林相声里的那个令人捧腹的故事讲两个醉鬼都不承认自己已经喝醉，都认为对方喝醉了：

甲："没喝醉？没喝醉，你来这个。"

乙："什么东西啊？"

甲："从兜里头啊，把手电筒掏出来啦！"

乙："手电棒。"

甲往桌子上一搁。

乙："干吗呀？"

甲一按电门，出来一个光柱。

乙："哎，那光出来啦。"

甲"你看这个，你顺着我这柱子爬上去。"

乙："那柱子啊？"

甲："你爬！"

乙："那个怎么样啊？"

甲："那个也不含糊啊。行！这算得了什么啊，爬这柱子啊？你甭来这套。"

乙："嗯？"

甲："我懂，我爬上去？我爬那半道儿，你一关电门，我掉下来呀？"

虽然有些艺术的夸张，但未必没有事实的依据。

对于辩护人在法庭上出示的孙伟铭所在单位同事、朋友、其资助对象的证明和证言，判决书说"与本案事实及定罪量刑无关，不能作为本案定案证据"，这是不妥当的。因为，本案的关键之一就是查证孙伟铭是否存在着放任危害结果发生的动机，他如果像前面举的承德李某的例子那样，存在着反社会的心理，或者对父母怀恨在心，或者有严重的轻生倾向，那么案件的性质就可能不一样。辩护人出示的这些品行证据对于本案事实认定以及定罪量刑大有关联，至少从辩方的立场看，它们可以证明孙伟铭不可能有放任危害结果发生的故意。假如检方有异议，他们有责任做出相反的证明。

此外,对于本案二审时辩护人提供的“天网”视屏,法院拒绝接受,理由只是“视屏资料及相关分析不能确认孙伟铭所驾车辆在案发前与白色微型车发生过擦刮,也没有白色车车主的报案及相关痕迹勘验,确认该情节的依据不足”。但是,“天网”监控录像正是权威的证据,是否发生过擦刮,孙车是否因为擦刮受力而改变方向,孙伟铭是否因为躲避行人而急打方向盘从而闯入反向车道导致惨剧,对于这个关键情节,法院理当通过庭审一一澄清。假如辩护人所请专家不够权威,法院可以邀请权威专家做出分析。白色车车主没有报案,可以推迟审判,通过公告等方式寻找车主。事关事实真相,甚至关乎孙伟铭是否被判死刑,法院何必如此匆忙定谳?

值得商榷的法律推理

更可奇的是,二审判决做出的下述推理:

过于自信的过失是一种有认识的过失,即应当避免而没有避免。应当避免是避免义务与避免能力的统一。虽有避免义务,但没有避免能力,仍属于缺乏应当避免这一要件。在过于自信的过失中,行为人认为凭借自己娴熟的技术、敏捷的动作、高超的技能、丰富的经验、有效的规范,完全可以避免发生危害结果,但实际上过高地估计了自己的力量,因而未能防止危害结果的发生。在本案中,孙伟铭既没有经过专业培训,也没有通过国家专门部门考核取得机动车驾驶资格,更没有长期丰富的经验取得熟练的技术及意外处置能力,其酒后高速驾车之行为不仅完全丧失对危害的有效防范,而且也大大降低其驾驶危险交通工具的能力。因此,孙伟铭对危害结果的发生没有避免能力,其无证、醉酒、高速驾车发生交通事故,造成重大危害结果的发生是必然的,其主观心理状态上的自信没有客观依据。

这段话有些绕,不妨仔细梳理一下。首先,法官认为,行为人认识到自己有避免危害结果的能力是构成过于自信的过失犯罪的前提。但是,某些人会“过高估计了自己的力量”(用“力量”一词有些奇怪,姑且不论),因而就发生了危害结果。这里说的还是一种心理状态,即行为人是否意识到自己有避免危害的能力。但是,“过高估计了自己的力量”本身就是一种认识错误,错误的认识也是一种认识,基于错误认识产生的自信就是所谓过于自信。因此,与其说“应当避免是避免义务与避免能力的统一”,不如说是两者的不统一。那么,问题马上就会提出来:为什么孙伟铭无照酒后驾车就不属于基于对自己能力的过于自信?

法官接着要论证“孙伟铭对危害结果的发生没有避免能力”,但是逻辑的前提是要证明孙伟铭对自己的无能力的无认识。但是,证明心理状态的方法却是无证因而没有受过严格训练和缺乏长期的驾驶经验等。但是,即便孙伟铭确实因此而处理意外情况的能力低下,这并不影响他很可能恰好属于"过高估计了自己的力量"的那类人。况且驾龄短未必一定毫无能力,法官写到这一段的时候也许忘记了判决书前面引述孙伟铭的供述,他曾驾车沿高速公路从成都到重庆!我曾乘车走过那条路况不甚好的成渝高速公路,那可是需要相当驾驶技术和意外处置能力的行程呢。那么远的高速公路都可以平安而归,为什么他在成都市区开车反而没有了自信,而且还彻底丧失了产生过于自信心态的能力?

当然,还有醉酒,法官说,"酒后高速驾车之行为不仅完全丧失对危害的有效防范,而且也大大降低其驾驶危险交通工具的能力"。"完全丧失"的说法缺少法律人言说应有的严谨,能力降低倒是没有疑问。但是,我们前面已经说过,这不正是孙伟铭盲目自信以及愿望与结果之间发生落差的原因么?

这段推理的结论是:孙伟铭"无证、醉酒、高速驾车发生交通事故,造成重大损害结果的发生是必然的,其主观心理状态上的自信没有客观依据"。言之凿凿的语气掩盖不了其间的逻辑混乱和论证乏力。醉酒高速驾车极易发生事故是事实,但说是"必然的",不知道法官的这一结论又有怎样的客观依据?

司法如何获得国民的信赖?

人类历史的经验一再表明,是否拥有公正的司法制度,是一国能否保障个人自由与权利、建立良好社会秩序以及增进经济繁荣的重要前提。司法制度的公正无非体现在两个方面,一是它能够最大限度地揭示案件事实真相,法庭以理性的态度,对双方举证等程序权利的保障、对证据的细致审查和审慎判断等。另一方面是法院忠诚于法律,在法律解释和法律适用上诚心正意,不屈法,不妄断,以维护法治的尊严。所有这些,都离不开人民法院独立对审判权的行使。不独立,则必然受制于法外的权力,扭曲法律,导致司法的恣意和随意。与此同时,不独立,也会削弱法官的责任心。某些判决书之所以论证漏洞百出,甚至文字都不通,也许并非由于法官的能力底下,而是因为某些案件法官和一般公众都知道,案件的结果并非法庭上同时也是判决书上署名的法官所为。既然决策责任不在自己,用心较劲,精益求精都是没有必要的。

鉴于时下醉酒驾车导致重大惨剧频频发生,不少人认为现行刑法对于交通肇事罪所规定处罚太轻,不足以遏制此类犯罪,也难以补偿受害人及其家人所遭受的苦难。实际上,这种以重刑阻却犯罪的思路缺乏实证研究的支持,贝卡利亚早就讲过这样的道理,刑罚的有效性不在于严厉,而在于违法行为都会得到制裁。相反,“严峻的刑罚造成了这样一种局面:犯罪面临的恶果越大,也就越敢于规避刑罚。为了摆脱一次犯罪的刑罚,人们会犯下更多的罪行。刑罚最残酷的国家和年代,往往也是行为最血腥、最不人道的国家和年代”。不仅如此,即便刑法规定的刑罚偏轻,法官也不可依据他们自己对正义标准的理解,超越法律判决案件,因为他们不是立法者。唯一的解决之道只能是立法机关修订法律,而且修订之后的法律也只能适用于新法生效后发生的案件,否则就违反了法治的另一准则——法不追溯既往。

最后,我们一开始就提到的一个细节也值得略加讨论:孙伟铭案二审在成都开庭并宣判的当日,远隔千山万水的最高人民法院就在北京举办新闻发布会,审判委员会专职委员黄尔梅表态支持四川高院的判决,并表示今后对醉酒驾车肇事后继续驾车冲撞,放任危害结果发生,造成重大伤亡者均依《刑法》第一一五条第一款定罪处罚云云。从时间上判断,最高法院根本不可能在对于四川高院的审判过程进行仔细了解和分析之后再做出评论,这再清楚不过地显示出四川高院二审之前已就判决结果请示最高法院,做出判决的实际上就是最高法院,虽然名义上是四川高院。当然,与此相对应的一个毋庸置疑的事实是,四川高院的审判属于典型的先判后审,所谓审理不过是走过场而已。可怜两位辩护律师还提交新证据,与检察官激烈辩论,苦心孤诣,力图说服法庭改变案件的定性,殊不知一切都在此前确定,律师所作所为皆是无用功。连最高法院都无视下级法院基本的独立性,践踏程序正义,如此司法如何可以获得国民的信赖,如何能够让人心悦诚服地接受判决?

孟子曰:“吾未闻枉己而正人者也,况辱己以正天下者乎?”罔顾法律准则,自坏正当程序,迎合非法干预,就是在枉法辱己。

第七单元　危险驾驶的罪与罚

——遵循立法原意司法是重中之重

【精讲精析】

立法是用来指导实践的，相应地，实践也可以促进立法的完善。2009年发生的孙伟铭案酿下4死1伤的惨剧。法院一审以危险方法危害公共安全罪判处其死刑，据悉这是全国首例以危害公共安全罪对醉驾者判处死刑的案件。二审则以相同罪名改判无期徒刑。鉴于本案引发的各种声音，全国政协委员、“孙伟铭案”二审辩护律师施杰，为2010年全国“两会”带来了提案《关于增加危险驾驶罪的建议》，建议刑法增设“危险驾驶罪”。他认为“酒文化”底蕴深厚的中国，有必要为“汽车时代”的来临做好法律准备。事实上，在酒驾、醉驾以及飙车等危险驾驶行为入罪之前，我国立法对“危险驾驶”处罚力度偏轻。这使一些“高度危险的驾车方式（如醉酒驾驶、吸毒后驾驶、超速驾驶等）造成严重后果”的事件，在量刑时面临尴尬局面。由于没有统一的适法标准，各地法院的做法也大相径庭。有的地方对高速飙车、酒后驾车等造成严重后果的行为以“交通肇事罪”定罪量刑，处罚较轻；有的地方则将类似行为定性为“以危险方法危害公共安全罪”，最高可处以死刑。不同城市、不同罪名、不同处罚使公众困惑，也使司法的严肃性和权威性受损。基于司法实践中的乱象，全国人大采纳了这一立法建议，由此，危险驾驶罪成为《刑法修正案（八）》中格外引人注目的内容。然而，立法并不能达到一劳永逸的目的，危险驾驶罪旋即又成为司法实务界和理论界议论的焦点。

一、如何理解醉驾“不一定一律追究刑责”的论断

从2011年5月1日生效的《刑法修正案（八）》的量刑标准可以看出，危险驾驶罪打击的是针对有危险驾驶的行为，如果因危险驾驶导致多人死亡的行为，则可以构成危害公共安全罪，因过失驾驶导致的行为，则以交通肇事罪处理。

危害公共安全罪是驾驶车辆的人对公众场合的不特定人群造成危害，而交通肇事罪主要是针对驾驶人过于自信或驾驶疏忽造成的危害后果，这些罪名的量刑标准各自不同，因此《刑法修正案（八）》特别规定有危险驾驶行为，同时构成其他犯罪的，依照处罚较重的规定定罪处罚。比如，按危害公共安全罪处罚，最高可以判处死刑，所以醉酒驾驶并不一定适用危险驾驶罪名，如果造成的危害后果超出危险驾驶罪的处罚标准，则应按其他处罚较重的罪名来定罪量刑。

谦抑性[①]是刑法应有的内在品质，但《刑法修正案（八）》设立危险驾驶罪，使我们多少能感受到一点“严刑峻法”的味道。客观地讲，这是符合当前司法实践需要和人权保障需要的。《刑法修正案（八）》增设危险驾驶罪，使得法律对调整因交通工具带来社会危害的处罚体系更趋完备，应该是具有正面作用的。《刑法修正案（八）》生效后不久，最高人民法院副院长张军在全国法院刑事审判工作座谈会上表示：要正确把握危险驾驶罪的构成条件，不应仅从文意理解《刑法修正案（八）》的规定，认为只要达到醉酒标准驾驶机动车的，就一律构成刑事犯罪。虽然立法规定追究醉酒驾驶的刑事责任，没有明确需以情节严重或者情节恶劣为前提，但根据《刑法》第13条规定的原则，危害社会的行为情节显著轻微危害不大的，不认为是犯罪。对醉酒驾驶的责任追究，要注意刑事责任与行政处罚的衔接。

《刑法修正案（八）》规定，在道路上醉酒驾驶机动车的，处拘役，并处罚金。这个条款并没有规定情节恶劣或后果严重等刑事处罚的前置条件，这说明立法的本意就是，只要达到醉酒状态并驾驶了车辆这两个标准，无论是否造成危害后果，一律都得追究刑事责任，至于情节轻重的问题，则可以在1至6个月的量刑幅度内或处以不同罚金等方式加以解决。另外，要注意刑事责任与行政处罚的衔接。这个观点我们赞同，但前提是要区别醉酒驾驶和酒后驾驶，对于醉酒驾驶我们认为一律要追究刑事责任，无论该行为是否造成后果，如果后果严重、情节恶劣，那就应该用更重的罪名来处罚，而不是入不入刑的问题，对未达到醉酒驾驶的，则按酒后驾驶给予行政处罚。

二、危险驾驶罪应否适用缓刑或免予刑事处罚

《刑法修正案（八）》施行以来，治理醉驾的情况表明执法、司法实践中已达

---

①刑法上的谦抑性原则，又称必要性原则，指立法机关只有在该规范确属必不可少，即没有可以代替刑罚的其他适当方法存在的条件下，才能将某种违反法秩序的行为设定成犯罪行为。

成了共识:醉驾一律入罪。

但是,危险驾驶毕竟是轻微刑事案件,能否适用缓刑甚至免予刑事处罚呢?目前,各地法院对危险驾驶罪通常判处实刑,但缓刑甚至免予刑事处罚的案例正在不断出现。据媒体统计,目前全国已出现少量的“醉驾免刑”案例,理由是:嫌疑人醉驾未造成人员伤亡、财产损失,且醉酒程度较低,认罪态度较好。如此量刑引起了广泛争议。支持者认为,危险驾驶罪为轻微刑事犯罪,后果不严重的,自然可以适用缓刑甚至免予刑事处罚;但反对者称,酒驾还要行政拘留15天,免除刑处罚反而轻了。但司法实务部门普遍认为,从《刑法修正案(八)》增设危险驾驶罪的立法精神和案件处理的社会效果看,适用缓刑或免予处罚不是十分妥当。而也有司法机关办案人员认为,如果犯罪嫌疑人认罪态度好并有悔改表现,具有从轻或减轻处罚的法定情节,危险驾驶罪就可以适用缓刑或者免予刑罚。他们进一步指出,即便适用缓刑,嫌疑人也已被认定构成犯罪,留下了“前科”[①],影响其升学、参军、报考公务员等,公职人员还将面临被开除的风险。相比酒驾行政拘留15天,对个人的影响将更加重大和深远,不存在放纵犯罪问题。

事实上,即便是判处实刑,各地司法机关甚至同一司法机关也存在量刑不一的问题。其主要原因还在于相关司法解释的阙如。危险驾驶罪的定罪标准问题一直争议很大,虽然司法实践已做出大量危险驾驶犯罪的判决,但何为追逐竞驶“情节恶劣”,何为“醉酒”,法律规定并不十分明确,因此,需要尽快出台司法解释,以便统一定罪标准。否则,随着适用缓刑或免予刑罚的案例不断出现,今后也许还会出现检察机关对危险驾驶案件适用不起诉的情况。如果对该类犯罪不起诉,执法成本将显著高于违法成本,不利于法律效果的实现。

三、危险驾驶罪与相关罪名的关系

(一)危险驾驶罪与交通肇事罪的关系

危险驾驶罪的增加,使交通肇事分为两种类型:第一种类型是作为单纯过失犯的交通肇事罪,也就是不以危险驾驶罪为前提的交通肇事罪。例如未取得驾驶资格而驾驶机动车,过失致人伤亡的,属于单纯的过失犯。第二种类型是

①刑法上所讲的前科,是指曾经被法院判处过拘役、有期徒刑以上的刑罚,并且已经执行完毕的人又重新犯罪。

作为危险驾驶罪的结果加重犯[1]的交通肇事罪。危险驾驶是故意犯罪,但危险驾驶行为过失造成他人伤亡,符合交通肇事罪的犯罪构成的,应以交通肇事罪论处。此时,行为人对基本犯(危险驾驶罪)是故意,对加重结果为过失,从而成为结果加重犯。至于交通肇事后逃逸,则是交通肇事罪的法定刑升格条件。

逃逸方式也与危险驾驶罪相关联。例如,醉酒驾驶过失致人伤亡后驾车逃逸的,其逃逸行为是危险驾驶罪与交通肇事罪中的法定刑升格的竞合,也就是说,醉酒驾车逃跑的行为既符合危险驾驶罪的犯罪构成,又是交通肇事罪的法定刑升格条件。由于适用交通肇事罪的升格法定刑重于危险驾驶罪,因此,对该行为不另认定为危险驾驶罪,只能认定为交通肇事后逃逸。交通肇事后(包括追逐竞驶过失造成伤亡结果后),以追逐竞驶的方式逃逸的,原则上也应当认定为交通肇事罪,适用交通肇事后逃逸的法定刑。

(二)危险驾驶罪与以危险方法危害公共安全罪的关系

《刑法》第114条与第115条规定了以危险方法危害公共安全罪,但没有明文规定具体行为结构与方式,导致"其他危险方法"没有限定,这与罪刑法定原则的明确性要求存在距离。因此,一些刑法学者担心这两个条款有被滥用的危险,沦为备受诟病的"口袋罪"。不过,危险驾驶行为成立以危险方法危害公共安全罪却有其合理性。我们知道,《刑法》增加危险驾驶罪是为了合理扩大处罚范围,体现了刑事政策"严"的一面。而危险驾驶罪的法定刑为拘役与罚金,这在刑法罪名当中绝无仅有,是典型的轻罪。将符合以危险方法危害公共安全罪的犯罪构成的行为认定为危险驾驶罪,明显不当。需要说明的是,并不是只有当危险驾驶行为造成了重大伤亡结果,且行为人对伤亡结果具有故意时,才能认定为以危险方法危害公共安全罪。事实上,以下三种危险驾驶行为,都足以成立以危险方法危害公共安全罪。

1.危险驾驶行为不仅具有与放火、爆炸等行为相当的具体的公共危险,而且造成了致人伤亡的实害结果,行为人对伤亡结果具有故意。

2.危险驾驶行为具有与放火、爆炸等相当的具体的公共危险,行为人对该具体的公共危险具有故意。例如,在高速公路上逆向追逐竞驶的,即使没有造成严重后果的,也应当适用《刑法》第114条的规定。

3.危险驾驶行为具有与放火、爆炸等相当的具体的公共危险,行为人对该具体的公共危险具有故意,客观上造成致人伤亡的实害结果,行为人对实害结

①结果加重犯,又叫加重结果犯,是指故意实施刑法规定的一个基本犯罪行为,由于发生了更为严重的结果,刑法加重其法定刑的情况。

果具有过失。例如,因醉酒而丧失驾驶机动车的能力,却在大雾天驾驶机动车高速行驶,导致他人伤亡的,即使对伤亡结果仅有过失,也不能仅认定为交通肇事罪,而应认定为以危险方法危害公共安全罪。

问题的关键在于,如何判断危险驾驶行为是否具有与放火、爆炸相当的具体公共危险。在与危险驾驶相关联的意义上说,对于因醉酒而基本丧失驾驶能力后在车辆、行人较多的路段长时间高速行驶的,因醉酒而基本丧失驾驶能力后在大雾天、暴雨时高速行驶的,在高速公路上逆向追逐竞驶的,在大雾天、暴雨时且车辆、行人较多的路段追逐竞驶的,以及在车辆、行人较多的路段多次闯红灯追逐竞驶的,均应认定为以危险方法危害公共安全罪。

但是,在认定危险驾驶罪与以危险方法危害公共安全罪的时候,一定要坚持标准,不能简单化处理案件。为此,需要克服两种错误倾向:

一是要防止因危险驾驶而发生危害严重后果的一律按以危险方法危害公共安全罪论处的倾向。根据《刑法》的立法精神,以危险方法危害公共安全罪中的"危险方法"应当是与爆炸、决水、投毒、放火相当的严重危险方法,而不是一般的危害方法。危险驾驶本身就是一种危险方法,危害的也是公共安全,但《刑法》对其的刑罚是拘役。而以危险方法危害公共安全罪如果没有发生危害结果的,《刑法》规定的刑罚则是3年以上10年以下有期徒刑,显然两者之间在危险方法上是存在相当的"程度不同"。在交通安全领域并非一切以危险方法危害公共安全的行为都能构成以危险方法危害公共安全罪,必须要严格把握"程度不同",把握与爆炸、决水、投毒、放火的"相当性",否则就会把"闯红灯"这样的危险方法造成的危害后果也纳入以危险方法危害公共安全罪来考量,影响刑法在人们心中的公平感受。

二是要防止在交通安全领域过于机械地掌握以危险方法危害公共安全罪中的"危险方法"。所谓的与爆炸、决水、投毒、放火"相当性"问题,也是相对的。人们容易把爆炸、决水、投毒、放火看成是造成重大伤亡后果的情况,其实具体到个案,未必每一个放火案件都会造成严重后果,比如放火焚烧相对独立的物体时,有时后果可能就不那么严重。交通领域醉驾或飙车等,其危险程度有时并不低于爆炸、决水、投毒、放火,醉驾或飙车在道路上形成的危险方法很多时候都是非常严重的。要充分认识到现代社会交通领域高风险的状况,随着社会的发展,车辆越来越多,驾驶门槛越来越低,高速公路和高速高性能的车辆,"车祸猛于虎",近年来多死多伤的事故不断发生,对公共安全造成极大的危害,群众反映强烈。刑法是不断发展的,世界刑法的一个总的趋势是越来越关注公共安全，因此对于非交通目的而驾驶机动车在有较多行人车辆的道路上追逐竞驶，造成严重后果的，都应当从严认定为以危险方法危害公共安全罪中的“危险方法”。[①]

四、“醉驾”的认定标准也应考虑个体的差异

醉驾者所面临的法律处罚变得更加严厉，不仅要被限制更长时间的人身自由，而且还可能承受更多间接的法律责任，如公务员醉驾被追刑责后将失去工作，公司员工可能被公司开除。法律责任加重了，其对证据和证明的要求必然水涨船高，更为严格。但我们的“醉驾”标准并不那么“与时俱进”，将血液酒精检测作为认定危险驾驶罪的唯一标准是否科学，值得探讨。

危险驾驶罪中的“醉酒驾驶机动车”的标准是血液中的酒精含量80毫克/100毫升，这个标准的依据是国家质量监督检验检疫总局于2004年5月31日发布的《车辆驾驶人员血液、呼气酒精含量阈值与检验》国家标准（GB19522-2004）。通过计算醉酒的标准基本上相当于一般成人三两低度白酒。可见，一个人只要喝三两低度白酒，血液中的酒精含量就可以达到醉酒的标准。但是，醉驾型危险驾驶罪处罚的是具体的个体，不是抽象的人，“醉驾”与否是具体个体的自身内在的肌体反应，不是外在的标准强加于他的，也不是外在标准能够客观准确判定的。醉驾与否必须结合个体的具体情况进行综合判断。何况现实生活中，因具体每一个人的身体，如酒精代谢能力、酒精耐受力方面存在差异，有的人喝一两斤白酒也能照样清醒开车，而有的人喝5毫升或10毫升酒就可能不省人事。如果制定的统一标准抛开个体谈统一，就是抹杀个体，机械、片面地追求法律面前人人平等，就是抹杀真正的平等，扼杀实质的平等。

认定的标准必须正视和考虑这种差异，完全无视这种个体差异的统一标准既不科学，也不合理，更不公平。因此，建议认定醉酒时采用以血液中酒精含量为主，辅以体现个体差异的“人体平衡试验”综合判断。这样可既体现统一性，又体现差异性[②]。人体平衡试验采用步行回转试验、单腿直立试验来评价驾驶能力，这早在2004年就出台的《车辆驾驶人员血液、呼气酒精含量阈值与检验》中做了明确的规定。

---

①王志远、吴茜：《危险驾驶行为刑法规制问题探讨——以醉驾和飙车为例》，载《云南大学学报（法学版）》，2010年第4期。

②《醉驾入刑施行过半月，执法严密比严厉更重要》，载《人民日报》，2011年5月17日。

五、危险驾驶行为知多少

危险驾驶罪只规定了醉酒驾驶机动车以及飙车这两种行为，的确有挂一漏万之嫌。刑法是保护社会的最后一道防线，只有在其他法律、法规无法禁止某种行为对法益侵害的情况下才能动用刑罚权。因此，在《刑法》增设“危险驾驶罪”之前，首先要了解什么样的“危险驾驶”行为是被《道路交通安全法》所禁止的，以保持《刑法》与其他法律、法规的衔接，保证法秩序的统一与协调。《道路交通安全法》第22条规定，机动车驾驶人应当遵守道路交通安全法律、法规的规定，按照操作规范安全驾驶、文明驾驶。饮酒、服用国家管制的精神药品或者麻醉药品，或者患有妨碍安全驾驶机动车的疾病，或者过度疲劳影响安全驾驶的，不得驾驶机动车。《道路交通安全法实施条例》第140条规定，饮酒、服用国家管制的精神药品或者麻醉药品、患有妨碍安全驾驶的疾病，或者过度疲劳仍继续驾驶的行为应给予处罚。

从上述规定可以得出这样的结论：醉酒驾驶机动车和追逐竞驶、情节恶劣的行为构成犯罪，而吸食毒品、服用麻醉药品后驾驶机动车的行为却不构成犯罪，在极度疲劳、身患妨碍安全驾驶疾病等无法正常驾驶机动车的情况下驾驶机动车也不构成犯罪。难道只有前者才可能导致他人伤亡、危害公共安全的严重后果，后者就不会出现危害公共安全的严重后果吗？事实上，“药驾”的情况下危险程度丝毫不亚于酒驾，服用镇静催眠药、抗过敏药以及复方制剂的抗感冒药后容易引起瞌睡，导致人注意力和判断力下降，而抗精神病药物由于其具有比较强烈的安定作用，会影响人的反应能力和判断能力。因此，这些药物在服用期间均不宜开车。让人后怕的是，很多车主对此还没有意识到或者没放心上。对同样性质的行为给予不同评价，不仅会造成处罚的漏洞，还有违实质正义，难以实现危险驾驶入罪的立法初衷。因此，有必要对危险驾驶罪的罪状进行补充。

事实上，除了因吸毒、服用其他精神类药物、疲劳驾驶而导致自控能力降低等情形外，还有明知安全机件失灵的机动车而驾驶的行为等等，这些行为同样具有严重的危害性和多发性，但修正案却没有将其纳入规制范围，特别是这个条款采用列举式规定，而没有概括性的兜底式规定，大大降低了未来对形势变化的适应性，甚至也完全排除了以法律解释方式扩大其适用范围的可能性。理性的立法必须具有一定的预见性和概括性，使其规制范围既不致过分扩大，又有一定的包容性，而目前的立法显然并未做到这一点。

六、危险驾驶罪的立法效果有待进一步观望

危险驾驶罪的增设，其立法初衷虽可以理解（动用刑罚手段实现对类似行为的威慑），但其立法效果值得怀疑。这样的立法其实未必会比严格行政执法更能体现对类似行为的威慑，相反还会因将原本由行政管理手段调整的行为规定为犯罪，而导致刑事法网大开，要么是占据大量的刑事司法成本和羁押、监禁资源，要么是导致刑事立法的规定被规避或虚置，前者是对刑事司法效率的伤害，后者则是对刑事立法权威的损伤。所以，这一因社会热点、民众呼吁而设立的"头痛医头、脚痛医脚"式的立法，实际上是一个危险的信号，其充分体现出了立法的理想主义、浪漫主义特征和一定的情绪化色彩，并且体现出立法的短期主义特质以及对刑法的依赖与迷信。真要解决类似的问题，比完善立法技术（如尽量充分地列举主要的危险驾驶类型等）更重要的是，如何强化民众的守法意识（尽量不去违章等）和执法者的执法观念（尽量严格执法等），这些都比宣示一个难以适用（难以确定追诉时效、无法适用逮捕措施等）的罪名更为有效，毕竟"徒法不足以自行"。

"治乱世用重典"，但历史一再表明，重典治乱之后往往又会出现反弹。因此，严刑峻法并非治本之策。具体到危险驾驶行为，法律威慑之外，还应配合成熟文明的汽车文化的浸润，以改良和消除那些违法冲动。汽车社会倏忽而至，但是我们社会中的汽车文化并不匹配，远未成熟。汽车礼让行人，应该是一个文明社会的基本规则，但我们很多时候恰恰相反。同样，酒驾、醉驾、飙车等违法行为中也蕴含着汽车文化的不成熟，甚至变异和畸形。如何从司法和文化两个维度来揭开醉驾困局，无疑到了必须破题的时刻。[①]但是，无论如何，危险驾驶罪这一新罪名的出现，已深刻影响了人们的出行甚至行为方式，"酒后不开车，开车不喝酒""酒后开车害人害己"等理念逐渐深入人心，酒后驾驶、飙车引发的违法犯罪大量减少。

七、代驾——一个可能潜伏着危险的服务业

自醉酒驾驶行为被纳入危险驾驶罪之后，代驾服务行业获得空前发展。然而各地的代驾服务行业乱象丛生，无统一收费标准、无规范合同、无从业资质限制，其处处暗藏着损害消费者合法权益的隐患。我国目前尚无行政管理部门对代驾服务行业进行监管，整个行业收费无统一标准，有的代驾服务收费

①李晓亮：《治"醉驾"，需法律、文化双管齐下》，载《华西都市报》，2010年12月22日。

畸高，损害消费者权益。以北京为例，20点至22点，10公里以内酒后代驾最低报价50元，最高报价80元，最高报价比最低报价高出60%。

代驾服务多采取口头合同方式，对代驾服务合同条款约定不够明确。发生纠纷后，消费者维权往往缺乏依据。此外，由于缺乏相关规定，代驾服务的从业资质缺乏限制。一方面，代驾服务从业机构多以其他相关行业注册或由其他相关行业兼营。一旦代驾过程中发生交通事故，这些随意设立的代驾服务机构或个人经营者赔偿能力有限，导致消费者不能获得充分赔偿。另一方面，代驾从业者鱼龙混杂，部分从业者趁消费者酒后意识模糊之机，进行人身侵害或盗窃物品。还需引起重视的是，车主由于醉酒原因，在其权益受到侵害后很可能不能意识到自己的权益已受到侵害，从而导致汽车代驾业中犯罪黑数升高，一些犯罪得不到有力打击。[①]因此，明确代驾服务行业的行业主管部门，统一行业收费标准，制作代驾服务合同示范文本，设定准入标准等多措并举，规范代驾服务行业健康发展，迫在眉睫。

【典型案例】

案例一　彭某危险驾驶案

2011年5月18日晚，被告人彭某饮酒后驾驶两轮摩托车，沿丽浦线自西向东行驶，20时许，行驶至丽浦线某路段时，被正在执勤的某交警大队民警拦下检查，后经血液检验，证实彭某的血液中酒精含量为108毫克/100毫升。

浙江省某人民法院认为，被告人彭某违反交通安全法律法规，在道路上醉酒驾驶机动车，其行为已构成危险驾驶罪。彭某犯罪情节较轻，认罪态度较好，可酌情从轻处罚，综合其犯罪情节、认罪态度及悔罪表现，对其可适用缓刑。据此，依法对彭某判处拘役2个月，缓刑4个月，并处罚金人民币3000元。

案例二　彭某、侯某危险驾驶案

2011年5月11日，彭某驾驶桑塔纳轿车开到密云县一红绿灯处时，被侯某的宝来车擦了一下。彭某说，当时他为了出气开始追侯某的车。随后两人驾车在密溪路上高速竞相追逐。直到两车同时撞上路边停着的一辆帕萨特才停

①师法起：《由醉驾入刑引发的对汽车代驾的思考》，载《江苏警官学院学报》2011年第4期。

下。两名司机回忆,他们当时都把车开到了100多公里的时速。而两人行驶的道路最高限速为70公里每小时,两人都属于严重超速驾驶。法庭上,彭某表示他追侯某就是想问问对方为什么别他。而侯某表示,事发当天他为了躲避旁边车道的一辆大货车,无意擦了彭某的车,随后彭某便开始驾车穷追不舍。

法院认为,被告人彭某、侯某,在道路上驾驶机动车追逐竞驶,情节恶劣,危害公共安全,其行为已构成危险驾驶罪。鉴于彭某、侯某认罪态度较好,对其依法从轻处罚。据此,分别判决被告人彭某犯危险驾驶罪,判处拘役4个月,罚金2000元;判处侯某拘役2个月,罚金1000元。

【以案说法】

案例一　醉驾入刑

《刑法修正案(八)》规定"醉驾入刑",严厉打击醉驾等危险驾驶行为,充分反映了人民群众的愿望,顺应了社情民意。在当前形势下,对危险驾驶被告人判处实刑,更能体现"醉驾入刑"的立法精神,也更容易为社情民意所接受。但对危险驾驶情节轻微的,可依法适用缓刑。如彭某危险驾驶案中,彭某血液中酒精含量108毫克/100毫升,醉酒程度较低,且没有发生交通事故后果,被查获后积极配合酒精检测,认罪态度较好,故对其适用缓刑。

醉驾被告人血液中酒精含量是危险驾驶犯罪中的关键要素,在通常情况下,酒精含量的高低直接决定了醉驾的危险程度,对酒精含量较高的,应酌情从重处罚。此外,危险驾驶犯罪是危险犯,只要在道路上醉酒驾驶机动车或者追逐竞驶,不论是否发生交通事故等危害后果,即可构成本罪。危险驾驶犯罪的主体是一般主体,即年满16周岁的人均能构成本罪。但国家工作人员尤其是从事交通秩序管理的交通警察如危险驾驶,则备受关注,社会影响更为恶劣,应当酌情从重处罚。危险驾驶犯罪中,被告人有醉驾前科、醉驾高速行驶、不配合酒精检测、肇事后逃逸等情节,也应依法酌情从重处罚。

案例二　飙车当属危险驾驶

该案是《刑法修正案(八)》施行后,北京市审理的首起因飙车构成危险驾驶罪的案件。该案中并未发生严重的后果,但两名当事人均被判实刑,这再次表明，危险驾驶罪属于危险犯，不以造成实际损害后果为要件，这体现了刑法对涉及公共安全等一些重大法益的保护适度前置，符合社会发展需要。

【法条链接】

刑法修正案（八）

第二十二条　在刑法第一百三十三条后增加一条，作为第一百三十三条之一："在道路上驾驶机动车追逐竞驶，情节恶劣的，或者在道路上醉酒驾驶机动车的，处拘役，并处罚金。"

"有前款行为，同时构成其他犯罪的，依照处罚较重的规定定罪处罚。"

【扩展阅读】

杭州飙车案案件介绍及其争议问题

一、案件介绍及判决

2009年5月7日晚，被告人胡某驾驶经非法改装的三菱轿车，与同伴驾驶的车辆从杭州市江干区机场路出发，前往西湖区文二西路西城广场。途经文晖路、文三路、古翠路、文二西路路段时，被告人胡某与同伴严重超速行驶并时有互相追赶的情形。当晚20时08分，被告人胡某驾驶车辆至文二西路德加公寓西区大门口人行横道时，未注意观察路面行人动态，致使车头右前端撞上正在人行横道上由南向北行走的男青年谭某。谭某被撞弹起，落下时头部先撞上该轿车前挡风玻璃，再跌至地面。事发后，胡某立即拨打120急救电话和122交通事故报警电话。谭某经送医院抢救无效，于当晚20时55分因颅脑损伤而死亡。事发路段标明限速为每小时50公里。经鉴定，胡某当时的行车速度在每小时84.1至101.2公里之间，对事故负全部责任。①

法院认为，被告人胡某违反道路交通安全法规，驾驶机动车辆在城市道路上严重超速行驶，造成一人死亡并负事故全部责任，其行为构成交通肇事罪。被告人胡某肇事后及时报警并在现场等候，该行为属于履行《道路交通安全法》规定的义务。《刑法》已将交通肇事后逃逸的行为规定为加重处罚情节，依

① 详见《杭州飙车案被告一审获刑3年》，http://news.163.com/09/0720/16/5EM95LCK00011229.html

法不应当将肇事后报警并在现场等候的行为重复评价为自动投案,故不能认定被告人胡某有自首情节。被告人胡某案发后虽未逃避法律追究,其亲属也能积极赔偿被害人家属的经济损失,[①]但胡某无视交通法规,案发时驾驶非法改装的车辆在城市主要道路上严重超速行驶,在住宅密集区域的人行横道上肇事并致人死亡,造成恶劣的社会影响,犯罪情节严重,应从重处罚,但被告人胡某的行为不符合最高人民法院《关于审理交通肇事刑事案件具体应用法律若干问题的解释》第4条关于交通肇事罪其他特别恶劣情节的具体规定,认定其有其他特别恶劣情节缺乏法律依据,最后以交通肇事罪判处被告人胡某有期徒刑3年。[②]

二、杭州飙车案的法律争议

本案从发生到判决,社会各界都对其进行了广泛的关注和讨论。在此案侦查中间,互联网对此案进行了跟踪报道,大量信息被披露,例如车70码的认定产生了网络新名词"欺实马",被告胡某替身问题等。在网络的监督下,杭州市委书记表态,依法从严从快查处飙车案,司法鉴定机构从吉林、上海、浙江等地聘请了汽车、内燃机、机械等专业领域的专家、教授,组成鉴定小组对车速进行了鉴定,检察院、法院也对案件向公众进行了解释。由此暴露了我国法律制度的许多问题。其中,人们关心的焦点问题在于本案的判决,主要集中于定罪量刑方面。犯罪嫌疑人的飙车行为到底是应该定交通肇事罪还是定以危险方法危害公共安全罪,是这场争论的中心。

(一)认为以危险方法危害公共安全罪定罪的主要观点和理由

1.《刑法》第114规定,条放火、决水、爆炸以及投放毒害性、放射性、传染病病原体等物质或者以其他危险方法危害公共安全,尚未造成严重后果的,处3年以上10年以下有期徒刑。

《刑法》第115条规定,放火、决水、爆炸以及投放毒害性、放射性、传染病病原体等物质或者以其他危险方法致人重伤、死亡或者使公私财产遭受重大损失的,处10年以上有期徒刑、无期徒刑或者死刑。

过失犯前款罪的,处3年以上7年以下有期徒刑;情节较轻的,处3年以下有期徒刑或者拘役。

这是认定以危险方法危害公共安全罪的刑法依据。

---

①原被告双方达成民事和解,被告赔偿原告113万元。

②详见《杭州飙车案胡斌被判3年 双方家长均认为不公平》,http://news.sina.com.cn/c/2009-07-20/175518259301.shtml

2.人们认为可以借鉴以往的案例来判决此案。理由是:2008年8月6日,北京市朝阳法院认定酒后飙车的单某、王某、王某某三人犯"以危险方法危害公共安全罪",分别处以有期徒刑1年至3年,当时还没有出人命,但是已经出现了以危险方法危害公共安全罪定罪处罚的情况。①

(二)认为以交通肇事罪定罪的主要观点和理由

1.《刑法》第133条规定,违反交通运输管理法规,因而发生重大事故,致人重伤、死亡或者使公私财产遭受重大损失的,处3年以下有期徒刑或者拘役;交通运输肇事后逃逸或者其他特别恶劣情节的,处3年以上7年以下有期徒刑;因逃逸致人死亡的,处7年以上有期徒刑。

《关于审理交通肇事刑事案件具体应用法律若干问题的解释》第4条规定,交通肇事具有下列情形的,属"有其他特别恶劣情节",处3年以上7年以下有期徒刑:(1)死亡二人以上或者重伤五人以上,负事故全部或者主要责任的;(2)死亡六人以上,负事故同等责任的;(3)造成公共财产或者他人财产直接损失,负事故全部或者主要责任,无能力赔偿数额外负担在60万元以上的。这是定交通肇事罪的刑事法律依据。

2.本案法官说,法院之所以以交通肇事罪对被告人胡某定罪,理由是:

第一,以危险方法危害公共安全罪、过失以危险方法危害公共安全罪与交通肇事罪侵犯的客体都是公共安全,客观方面均表现为实施了危害公共安全的行为,因此,交通肇事罪本身就是一种危害公共安全的犯罪。

第二,以危险方法危害公共安全罪是故意犯罪,行为人的主观心态是故意,是希望或者放任危害社会结果的发生;而交通肇事罪的主观方面是过失,包括过于自信的过失和疏忽大意的过失,即应当预见到自己的行为可能发生危害社会的结果,因为疏忽大意而没有预见或已经预见而轻信能够避免。根据庭审查明的事实,被告人胡某平时喜欢开快车,但其认为凭自己的驾驶技术能够避免事故的发生,案发当晚,胡某在超速驾车过程中未违反交通信号灯指令,遇红灯时能够停车,肇事时没有注意观察前方路面情况而撞上在人行横道上行走的男青年谭某,撞人后立即踩刹车并下车查看谭某的伤势情况,随即拨打了120急救电话以及122交通报警电话,并留在现场等候处理。这一系列行为反映了胡某肇事时主观上既不希望事故发生,也不放任事故的发生,对被害人谭某的死亡其内心是持否定和排斥态度,是一种过失的心态。因此,被告人

①详见白岩松:《生活不是电子游戏》,http://video.sina.com.cn/v/b/20810549-1608095464.html

胡斌的行为不构成以危险方法危害公共安全罪。

第三,过失以危险方法危害公共安全罪和交通肇事罪的主观心态都是过失,但是我国《刑法》分则第二章危害公共安全罪中,对违反交通运输管理法规,发生重大事故,致人死亡的,《刑法》第133条专门规定了交通肇事罪。因此,驾驶交通工具在公共交通管理的范围内过失致人死亡的,应认定为交通肇事罪,而不能适用《刑法》第115条第2款规定以过失以危险方法危害公共安全罪定罪。根据罪刑法定原则,法院以交通肇事罪对被告人胡某定罪。[①]

三、对杭州飙车案定性的法律分析

北京单某、王某、王某某案作为与本案比较类似的案件,其判决却大相径庭。为此先简略介绍以作为比较分析的根据。

2006年3月15日晚,单某、王某、王某某酒后驾驶车辆在朝阳区东三环行驶时,三人竞相提速进行飙车相互追逐,期间车辆高速行驶至东三环国贸桥上,单某驾驶私自改装过的小客车超车时方向不稳,撞向一辆正常行驶的吉普车,致使吉普车失去控制又撞向另一辆正常行驶的小客车,三车均损坏,且单某的车辆前机器盖已经掀起,但单某并没有停车,而是继续驾车逃逸,在逃逸过程中,单某又与一辆出租车发生事故,后因车辆严重损坏无法行驶而弃车逃逸,次日投案自首。此起事故造成两人受伤,车辆损失一万余元。2008年5月,朝阳区检察院以"以危险方法危害公共安全罪"向朝阳区人民法院提起公诉。朝阳区人民法院认为,单某、王某、王某某酒后驾车,在城市主干道上超速行驶、相互追赶等行为,已经将在该道路上行驶的其他机动车及驾驶员的人身及财产安全置于危险之中,严重危及公共安全,三人的行为已构成以危险方法危害公共安全罪。2008年8月6日,朝阳法院以构成以危险方法危害公共安全罪分别判处单某有期徒刑3年,王某有期徒刑1年6个月,王某某有期徒刑1年。[②]

结合两个案例可以看出其相似之处,两案犯罪人行为方式相似,都是驾驶私自改装过的汽车在城市道路上超速飙车并且造成了交通事故。两案判决的不同之处在于:第一,两案的刑法适用不同,即定罪不同。第二,两案的其他飙车参与者的处罚程度不同。第三,两案的自首认定不同。那么,为什么行为方式相似的两个案件判决上有这些差距呢?

我们认为,从犯罪侵害的客体来看,以危险方法危害公共安全罪和交通肇

①详见《杭州飙车案审判长详解审判结果:缘何判3年》,http://news.qq.com/a/20090720/001569.htm

②此案例简介根据互联网内容整理而成。

事罪都规定于我国《刑法》分则第二章危害公共安全罪中，侵害的是同类客体，即所侵犯的客体都是公共安全。我国刑法学界通说认为，公共安全是指不特定的或多数人的生命、健康和重大公私财产的安全。从犯罪侵害的直接客体分析，以危险方法危害公共安全罪的直接客体是公共安全，交通肇事罪所侵犯的直接客体是交通运输的安全。其主要指违反交通运输管理法规，因而发生重大交通事故，致人重伤、死亡或者使公私财产遭受重大损失。从广义上讲，交通运输安全属于公共安全的范畴，但我国《刑法》把侵害交通运输安全的行为单独规定为交通肇事罪，这样看来，二者存在竞合关系。在此种情况下，交通肇事罪作为特别规定具有特定性，仅指侵害交通运输安全的行为。以危险方法危害公共安全罪则关注的是一般公共安全，是危害公共安全罪中的兜底条款，具有补充性。北京案发生在城市主要干道并且是车流密集的时间，且发生了连续车祸，造成了比危害了交通运输安全更重的危害后果，危害了公共安全。而杭州案虽然也发生在城市道路上，但并非是城市主要干道且道路上车流并不多。犯罪人造成了一名路人谭某的死亡，其危害了交通运输安全。

从犯罪的客观方面看，我国《刑法》规定交通肇事罪是由于行为人违反交通管理法规，因而发生重大交通事故，致使人重伤、死亡或者使公私财产遭受重大损失，即要求违章行为必须造成法定的严重后果才构成犯罪，是结果犯；以危险方法危害公共安全罪是指使用与放火、决水、爆炸、投放危险物质等危险性相当的其他方法，危害公共安全的行为，其不要求发生严重后果，只要存在足以发生严重后果的危险即可，是危险犯。杭州案中，胡某的超速驾驶违反了交通管理法规，造成受害人谭某的死亡，达到构成交通肇事罪的客观要件。但笔者认为，胡某的超速驾驶在客观方面也同样是危害公共安全的行为，而且与胡某竞相追逐的其他飙车者的超速驾驶也同样危害了公共安全。而北京案中单某在交通肇事后逃逸，且逃逸途中继续发生多起事故严重危害了公共安全。

从犯罪主观方面看，交通肇事罪是典型的过失犯罪，“交通肇事罪只能由过失构成，包括疏忽大意过失和过于自信过失”。①所以，它的主观方面应为过失，即应当预见自己违反交通运输管理法规的行为可能发生重大交通事故，因为疏忽大意而没有预见或者已经预见而轻信能够避免，以致发生这种结果。

通常，人们会将行为人有意识地违反交通运输管理法规的行为理解成故意，这种情况并不是刑法上讲的故意，在这种所谓的故意情形下，如果行为人仍是轻信能够避免结果发生，那么仍然是过失，即过于自信的过失。被告人胡

①王作富:《中国刑法研究》，中国人民大学出版社1988年版，第438页。

某平时喜欢开快车，但其认为凭自己的驾驶技术能够避免事故的发生。案发当晚，胡某在超速驾车过程中未违反交通信号灯指令，遇红灯时能够停车，肇事时没有注意观察前方路面情况而撞上在人行横道上行走的男青年谭某，撞人后立即踩刹车并下车查看谭某的伤势情况，随即拨打120急救电话以及122交通报警电话，并留在现场等候处理。这一系列行为反映了胡某肇事时主观上既不希望事故发生，也不放任事故的发生，对被害人谭某的死亡其内心是持否定和排斥态度，是一种过失的心态。胡某的心理态度是对违章行为持故意心理，对肇事结果持过失心理，表现为故意违章和过失犯罪。

以危险方法危害公共安全罪的主观方面为故意，即明知自己的行为会发生危害公共安全的结果，仍希望或者放任结果的发生。如若行为在主观上是过失的心态，则成立过失以危险方法危害公共安全罪。北京案中，单某在交通肇事后逃逸，且逃逸途中继续发生多起事故，这时根据我国《刑法》认定单某此时的犯罪心理是一种放任的态度，既不刻意追求又不设法避免，纵容结果的发生，已经转化为间接故意，其行为构成以危险方法危害公共安全罪，而胡某在交通肇事后立即停车并拨打了报警电话，没有让交通肇事罪向其他犯罪转化。从行为人的主观方面来看，两案中对胡某和单某的定罪是没有问题的。